OHSAMA BUNKO

「モテる男」40のマニュアル

富田 隆

三笠書房

はじめに

「なぜ、あんな奴がモテるんだろう?」

これは、僕の正直な疑問でした。

今でこそ「恋愛心理学のカリスマ」などといわれていますが、今から三十数年前は、僕も「モテない」若者の一人だったのです。

どう客観的に見ても僕よりルックスで劣る、性格的にもあまり感心できない、セックスだって大して上手そうじゃない……、そんな奴が、なぜか僕よりモテるのです。

しかし、物事には必ず理由があるはずです。ここから僕の研究がスタートしました。自分が心理学の学生だったこともあって、まずは素直に、そうしたモテる連中にインタビューをすることから始めたのです。

大学とは有り難い場所で、相手が先輩の場合は、こちらが驚くくらい親切に手取り足取り教えてくれました。単に机上の空論に終わらないよう、スナックやディスコ、場合によってはキャバレーにまで連れていってくれたものです。いまだに、こうした先輩諸氏には頭が上がりません。

同級生となると、こうはいきませんが、当時の学生は理屈っぽくて議論好き、徹夜で政治討論なんて当たり前の世界でしたから、ビシバシ遠慮なくこちらの弱点を突いてきて、平気で罵詈雑言を並べ立て、情け容赦なくやっつけようとするわけです。これはこれで大いに役に立ちました。

さらには多くの女性の方たちにも感謝しなけりゃ罰が当たります。女性の先輩に片思いして玉砕したこともありましたが、アフターケアはきちんとしました。そのおかげで、たとえ男女の仲に関しては「ノー・サンキュー」でも、先輩後輩といった絆は固いままなので、その後も同窓生としてのおつき合いはそれなりに続けることができたのです。そのうち、さりげなく何が悪かったのか、どういう点が未熟だったのか教えてくれたりしたものです。

こうした、その道の達人たちのご指導の結果を、さらに客観的に、心理学という学問の観点から整理し直してみると、そこには、シンプルであっても納得のいくいくつかの原則があることが明らかになりました。

もちろん、この本にはこうした原則やその応用法が満載されています。しかも、これらの原則は、生まれつきのものというよりは、学んで身につけることのできるものばかりです。ですから、かつての僕のように女性との恋愛のチャンスに恵まれない人はもちろん、今まで以上に自分の恋愛能力を高めたいと考えている人にも、ぜひ、この本を薦めたいと思います。

古い諺ですが、「失敗は成功の母」。あなたが手に取っているこの本こそ、この諺の正しさを証明するものです。読んで納得するだけでは十分ではありません。ぜひ、あなたの実生活で活用してみてください。

駒沢女子大学教授・心理学者　富田　隆

「モテる男」40のマニュアル◇もくじ

3章 彼女のあなたを見る目が変わる「つき合い方」

4章 「一緒にいてドキドキするような時間」を演出する！

5章 女を巧みにリードできる男　できない男

6章 女は心の底でこんな男を待っている！

本文イラスト　中野久美子

1章

女は心の底で男のどんなところに魅力を感じるのか?

「ハンサムな男が女にモテる」はウソである

「モテる男」とは、自分を成長させようと努力する男である

モテる男とモテない男は、どこに違いがあるのか——こういう質問をよく受ける。なるほど、若い人たちに目を向けると、何人もの女性とつき合っている男性がいる一方で、女性とはまったく縁がないという男性が数多くいる。この差は、いったいどこから出てくるのだろうか。

結論を先にいえば、私の見るところ、モテる男とモテない男とのあいだに、能力や容姿など、とくにこれといった違いはない。ということは、現在まったくモテないという男性でも、ちょっとしたきっかけでモテる男性に変わりうるということだ。

といっても、「そんなこと信じられない」という人もいるだろう。なかには、どうやっても自分がモテる男になるわけがない、と固く思い込んでいる人もいるようだ。しかし、私にいわせてもらえば、こうした思い込みや、マスコミ情報などを誤解した

りカン違いしているために、わざわざ自分をモテなくしている人が、決して少なくないのである。まずは、こうした誤解やカン違いを解くことが、モテる男への第一歩といえよう。

このカン違いの最大のものは、なんといっても「容姿のいい男は女性にモテる」というものだろう。たしかに、ハンサムで背が高い、服装のセンスがいいという外見のいい男は、女性から注目されることが多い。が、だからといって、容姿のよくない男性がモテないかというと、かならずしもそんなことはない。〝美女と野獣〟などといわれるが、街を歩いていても、「あんな美人が、どうしてあんなカッコ悪い男と……」というカップルを見ることは珍しくないだろう。

実際、男性の魅力は容姿で決まるわけではないという調査結果がある。これはアメリカでの調査だが、男性の大学出身者のうち、自分の容姿を醜いと思っていたグループのほうが、自分がハンサムだと思っていたグループよりも、年収が多く、社会的にも成功している率が高かったというのである。これは、ハンサムだと思っていた男性たちは、学生時代に女性にモテたためデートに忙しく、それほど勉強をしてこなかった。その結果、ブ男を自認する男性連中に成績で負け、その後の人生にも大きく影響を与えたのではないかと考えられる。

この調査では、それぞれのグループの恋人や結婚相手にまでは触れていないが、学生時代はともかく、社会に出てからは、金も力もない色男より、多少容姿が悪くても中身のある男性に女性が魅力を感じるだろうことは、容易に推測できる。若い女性の声を聞いても、十代のうちならともかく、男性が気にするほど外見にはこだわってはいない。外見は悪くても、それを上回る熱意や魅力を感じれば、女性はおのずとその男性のまわりに集まってくるのである。

その点、先の調査結果でもわかるように、コンプレックスは、男を大きく成長させ、魅力をつくりだすバネにもなってくれる。身長が低いことを気にしていたナポレオンをはじめ、コンプレックスをはね返すために努力して、男としての魅力を磨いた人の例は限りなくある。女性にしても、こうして自分を成長させようと努力する姿に、精神の輝きを見て惹かれていく。

要するに、「ハンサムな男は女性にモテる」というのは、男の勝手な思い込みにすぎないのである。いくらエステティックサロンに通ったり、服装にお金を使ったりしても、それだけでモテようというのは、虫がよすぎる話だ。逆に「オレはブ男だからモテない」と思って、最初からモテようとする努力を放棄してしまえば、モテるチャンスは永遠にめぐってこないだろう。

あなたは、女性が男性に求めているものを思い違いしている

「個性的な人材がほしい」とは、最近、どの企業でもいうことだが、就職希望の学生の中には、〝個性的〟をカン違いして、「一晩にお酒が一升飲める」だの、「周囲と同じことをするのは絶対にイヤ」などということで自分を売り込もうとする人がいるそうだ。企業が、ただの大酒飲みや協調性のない人を歓迎するわけがないことは、ちょっと考えればわかりそうなものだが、わかっていないのである。

この種のカン違いが、モテない男にもあるようだ。女性が男性に求めるものを、完全に誤解しているのである。たとえば若い女性に、「どんな男が好きか」とたずねると、かならず上位にあがるのが、「いっしょにいておもしろい人」「やさしい人」という答えだ。しかし、この「おもしろい人」「やさしい人」という言葉をそのままうのみにして実行しても、モテる男になれるとは限らない。

大学のコンパなどで、よく、テレビに出てくるお笑いタレントの真似をしたり、冗

談をいったりしてみんなを笑わせる男がいる。女性たちも、「○○君っておもしろーい」などと喜んでいるように見える。この場を見ている限りでは、こうした〝お祭り男〟がモテる男のように見えるが、いつもコンパのときと同じノリで騒いでいる男性を、女性は「中身のない人」「冗談しかいえない、ただのお調子者」という目でしか見ない。

女性が求めている「おもしろい人」とは、自分の知らなかったことを教えてくれたり、気づかなかった自分の魅力を引き出してくれたり、新しいものの見方や感じ方を発見させてくれたりする人で、決しておふざけ男のことではない。

「やさしい人」にしても同様だ。バブルのころにはやった「アッシー君」などは、その典型的な例だ。ＢＭＷやベンツといった、女性に人気のあるクルマを持っていて、電話をするとすぐに迎えに来てくれる。そこで彼らは「アッシー君」と呼ばれていたのだが、いつでも女性のいいなりになる男がやさしい男ではない。それではたんなる「便利な男」である。

女性に対してやさしい男というのは、女性のいいなりになる男ではなく、女性が困っているときに助けてくれる男のことをいうのである。いつもやさしい顔をしているのではなく、ときには厳しく叱ることも女性に対するやさしさのひとつなのだ。

マスコミなどの情報をうのみにして、表面的な「おもしろさ」や「やさしさ」をモテる男の条件だとカン違いしていては、いつまでたっても、ほんとうのモテる男にはなれないだろう。

〝いい女〟を見つけ、その人にモテる男になれ！

最近の統計データを見ると、二十代、三十代の結婚適齢期の独身男女の数は、男性のほうがかなり多い。それに加えて、一部の男性による女性の寡占《かせん》状態が目立ち、あぶれる男性がそれだけ増えてくる。こんな現状を考えれば、女性を独占する男に文句をいいたくもなるだろうが、こうした男性は、ほんとうにうらやましい存在なのだろうか。

大勢の女性を相手にするプレイボーイになるのも、それはそれで男の生き方のひとつだろうが、これは、ふつうの男性ではなかなかできるものではない。また、寄ってくる女性をとっかえひっかえする男が、それで満足しているとは限らない。数多くの女性とつき合う男性のなかには、自分のことを真剣に考え、愛してくれる恋人ができないというケースが少なくない。

私の友人にも、女性への接し方がうまく、学生時代も卒業して社会人になってからも常に女性に不自由したことがないという男性がいた。しかし、彼も三十歳を前にして、いざ結婚の相手を探そうとしたとき、まわりには、結婚したいと思う女性が一人もいなかった。遊び相手にはいいのだが、生涯の伴侶としてはどうもピンとこなかったらしい。結局、彼はある女性と見合い結婚をしたが、それまでした見合いでは、結婚したいと思う女性から何度も断わられたという。

何人もの女性と遊ぶことはできても、それがたんなるセックスだけの関係ならば、恋愛とはいえない。だいじなのは、自分の好きな女性に好かれることのはずだ。自分にとってどうでもいい女性からいくら好かれたところで、本命の女性に相手にされなければなんにもならない。

つまり、ほんとうにモテるというのは、数多くの女性を相手にすることとは違うのである。このあたりを、「モテない」と嘆く男性は誤解しているのではないだろうか。多くの女性にモテるということは、逆にいえば、八方美人で個性がないということでもある。だれからもモテる男を目指したあげく、結局、だれからも相手にされない、ということにもなりかねない。

一人の〝いい女〟を見つけ、彼女にモテるようになるにはどうしたらいいかを考えることがたいせつだ。自分にとってのいい女にモテる男こそが、ほんとうのモテる男なのである。

女が〝その気になる〟男の意外な条件

モテる男の条件は、いまも昔も変わらない

最近の若い社員には、「将来、社長を目指したい」と考える人間が減り、「せいぜい課長どまりでいい」「一生、平社員のままで気楽な生活を送りたい」といった考えをする人が多いという。これは、社長がさほどうらやましい地位ではなくなったことが原因らしい。とくにサラリーマン社長などは、社員とくらべてべらぼうに高い給料をもらえるわけでもないのに、忙しさや責任だけはずっしりと重い。「価値観の多様化」というが、要するに、社員にとって社長が魅力的なモデル像ではなくなり、目指すモデル像があいまいになっているのである。

モテる男についても同じことがいえるかもしれない。現代は、一見するとモテる男になるためにはこうなればいい、といったモデル像がなくなったように感じられる。たとえば、お笑いタレントに女性がむらがったり、ほとんど無名だった中東のサッカ

ー選手の人気が急上昇して写真集まで出されたり、シロウトの現役高校生にファンクラブができたりなど、それまであまり若い女性が目を向けなかった分野の人に人気が集まり、それがまた、時がたつとすぐにつぎつぎに変わっていく。

「モテる男像」が不鮮明なだけに、いまの男性は何を目指せばモテる男になれるのかわからず、結局マスコミの情報にまどわされ、ウロウロしているように見える。しかし、よく見ていくと、じつは女性にとって魅力的な男性像というのは、いまも昔も変わっていない。一見、変わっているように見えても、根は一つのところでつながっている。

たとえば、女性にも人気のある『００７』シリーズや『スパイダーマン』といった、映画のヒーローを思い出してほしい。映画の中で、彼らはさまざまな困難に出遭いながら、ヒロインを身を挺《てい》して守り、勇敢に戦う。こうしたヒーローが女性に人気があるのは、なにも最近だけのことではない。映画のない昔には、「おとぎ話」という形で、白雪姫や眠り姫を、魔女と戦って救い出してくれる王子様として登場する。こうした「女性のために身を挺して戦ってくれる」映画のヒーローやおとぎ話の王子様こそが、いつの時代も女性が求める理想の男性像なのだ。

「いや、そんなことはない。それはあくまでフィクションの世界だからあこがれるのであって、現実の場面で女性たちはいまでも高収入・高身長・高学歴といった、いわゆる一昔前の〝三高〟しか男に求めていないじゃないか」という反論が出るかもしれない。しかし、見方を変えてみると、この「三高」にしても、お金を使って自分を守り、高身長、すなわち強い体力で敵を倒し、知恵で困難をくぐり抜けることができる男ということでもある。つまり「三高」とは、「自分を守ってくれる力を持った男性」を表現を変えていっているにすぎないのだ。

女性が男性に求める五つの条件

原始時代から変わらない、男性と女性の根本的な違いといえば、女性には本来「種を保存して後世に伝えなければならない」という役割があることだろう。そこで女性は、そのためのサポート役として、安心して頼ることのできる男性を無意識のうちに求める。「女の時代」といわれ、女性がいくら社会進出をはたそうと、この本質は変わらない。また、いくら男女平等といわれても、いまの社会は、女性にとって不利なことが多い。その意味でも、女性は、自分で意識するしないにかかわらず、自分を助けてくれる、頼りになる男性を求めているのである。

女性の「種の保存」という役割をもとに、女性の求める男性像を具体的に考えてみると、つぎに述べる五つが、女性が男性に求めている条件、つまり〝モテる男の条件〟だといえるだろう。

一つめは、**「たくましさ」**だ。女性が子どもを産み、育てるためには、生活費を稼ぎ、自分を養い守ってくれる力を持った男性でなければならない。そのために、この「たくましさ」は必要な条件だ。

このたくましさとは、なにも肉体的な強さに限らない。精神的な強さもたいせつだ。どんな状況に置かれようとあきらめない強さである。ある会社の経営者は、精神的に強くなるには「おいあくま」という言葉を忘れないことだという。「おそれるな」「いばるな」「あきらめるな」「くさるな」「まけるな」の、それぞれ頭の文字をとってつなげた言葉である。この「おいあくま」を実行できることが、モテる男であるための第一条件といっていいだろう。

二つめの条件は、**「頭のよさ」**だ。人間社会で生きていくうえでは、強いだけでは他人とうまく共存していくことはできない。また、どんなに汗水たらして働いても、その稼ぎを横からほかの人間にとられてしまっては、なんにもならない。人間にとっては、頭のよさは、強い力を持っているということ以上にだいじなことともいえる。

もちろん、この「頭のよさ」は、学歴が高く、知識が豊富にあればそれでいいというものではない。なにか問題が起きたときに、それを解決してくれるのは学歴や知識ではなく、知恵である。いざというときに問題解決能力を持っていることが、女性が男性に求める「頭のよさ」なのだ。

三つめの条件は、**「包容力」**である。この包容力とは、女性に対する「やさしさ」ともいえるだろう。どんなに力があり、頭のいい男性でも、稼いだものを女性に分けてくれるやさしさを持っていない男性では、女性にとってなんの意味もない。

レイモンド・チャンドラーのハードボイルド小説に登場する探偵フィリップ・マーローが口にする、「男はタフでなければ生きていけない。やさしくなければ生きていく資格がない」という有名な言葉がある。このやさしさは、もちろん女性に対しても向けられるものである。女性を包んでくれるやさしさも、男性に求められる重要な条件の一つである。

四つめは、**「正義感」**だ。どんなにやさしい男性でも、不利な状況に立たされたと

きに、自分だけ逃げてしまうような男では頼りにならない。あくまで女性を守ろうとする使命感を持っていることが、女性にとっての「正義感」である。

この「正義感」は、自分の中に一貫した行動基準があるかどうか、とも言い換えられる。その男性がこれまでどんな生き方をしてきたか、どのような夢を持っているのかである。いきあたりばったりの生き方をするような男性を、女性は信用できない。生き方の中に守るべきものを持ち、前向きな生き方をしている男性こそ、女性にとって魅力的に映るのである。

五つめは、**「自己犠牲の精神」**だ。これは、これまであげた中でいちばんむずかしい条件かもしれないが、反対にこれさえ持っていれば、モテる男の条件を十分に満たしているといえるだろう。女性のために尽くし、いざというときは自分の生命をなげうつ覚悟もあるという男性を嫌う女性はいないはずだ。ただし、尽くすといっても、女性のご機嫌とりをするということではない。自分が不利になると逃げていくようでは、ただのご機嫌とりだ。

以上の五つがモテる男であるための条件だが、先にもすこしふれたハリウッド映画のヒーローたちは、このモテる男の条件を五つとも兼ね備えている。

たとえば『００７』シリーズのジェームズ・ボンド。彼は殺しのライセンスを持つほどのタフガイ（たくましさ）であると同時に、ハイテクを駆使する頭脳派のスパイ（頭のよさ）でもある。また、女性を守るためなら嘘もつくし、自分が悪者になるのもいとわない（自己犠牲の精神）。しかも根っからの英国紳士である彼は、偽善者や独裁者には決して妥協をせず、徹底的に戦う（正義感）。また、紳士であることは、女性を尊重し、いかに喜ばせるかの術（やさしさ）に長けていることでもある。

この五つの条件は、時代や文化的背景によって、違った形で求められることもある。たとえば「たくましさ」にしても、「体力」という形で象徴されることもあれば、「経済力」のときもある。また、いまの女性がよくいう「いっしょにいておもしろい人」

も、要は「頭のいい人」のことなのだ。つまり、いつの時代でも女性にモテる男の条件は、この五つといっても間違いではない。これらの能力を身につけ、女性にアピールすることができれば、だれでもモテる男になれるのだ。

あなたが気づかずに持っている、女性へのアピール点

以上、モテる男の五つの条件をあげたわけだが、この五つの条件を見て、「これだけそろえばモテる男になるのは当たり前。でも、自分にはこの五つの条件を満たすことなんてできっこない」と嘆息した人も多いだろう。だが、心配することはない。モテる男になるためには、なにもこの五つのすべてを身につける必要はない。

たしかに女性は、この五つの条件を求めているのだが、それは、つねに五つがセットでなければ魅力を感じないというものではない。一つでもあればいいのだし、たいていの男性は、一つや二つは持っている。ただ、それが女性にアピールするポイントだと気づいていないだけなのだ。

また、こんな話もある。私の教え子の一人に、それまでいつも頭の回転の速そうな、

会話のうまい男性とばかりつき合っていて、「やっぱり男の人は、頭のいい人じゃなきゃ」といっていた女性がいた。しかしあるとき、アルバイト先の喫茶店で、失敗をした彼女をかばってくれた男性が急に気になりだしたという。その男性は、どちらかというと口ベタなタイプらしいのだが、そのことがきっかけで、つき合うことになったという。彼とつき合いだしてからは、彼女は、「彼からはあまりしゃべらないんだけど、彼にいろいろと話を聞いてもらうと、なんだか気分が落ち着くんですよね」と、以前の彼女とはまったく別人のようなことをいうようになった。

つまり、いまは「頭のいい」男性がいいといっている女性でも、男性の「包容力」に惹かれて、その人を好きになるということもあるのだ。だから、相手の女性に合わせていろいろなものを身につけようと、無理をすることもない。

では、自分のどの部分が女性にアピールしやすいところなのか、その見つけ方をつぎに説明していこう。

まずは自分の性格をプラスに考えよう

欠点にこだわるからモテなくなる

モテる男とモテない男をよく見てみると、モテる男は自分に自信を持っていることが多い。逆にモテない男のほうは、「自分はどうせ欠点だらけのダメな男だから」と、自分に自信を持てないでいることが多い。

しかし、私の見るところ、モテる男が、欠点のない、なんでもできる完璧な男かというと、決してそんなことはない。欠点がないどころか、欠点だらけの男性であることも珍しくない。モテない男にしても、救いようのないほど、ひどい欠点を持っていることなどまずない。

モテる男とモテない男との違いは、モテる男は、自分の欠点を気にせず、それをさらけ出しても平気なのに対して、モテない男は、自分の欠点を隠すことを考えるあまり、せっかく持っている自分の長所も、うまく生かすことができないでいることだ。

つまり、欠点があるからモテないのではなく、欠点にこだわるからモテないでいるのだ。

たとえば、いまや若者のみならず、老若男女すべての層が使っているヘッドフォンステレオ。その原点はソニーが発売した「ウォークマン」だが、これにしても、欠点にこだわることなく、長所をアピールすることによって大ヒットした商品の典型といえよう。発売当時のウォークマンに録音機能がないということは、従来のテープレコーダーから見れば致命的な欠点だった。しかし、この欠点を隠すどころか、大々的に宣伝し、「録音機能がないぶん、軽く小さくなり、どこでも音楽が聴ける」「録音機能こそないが、音質は従来のものにくらべてだんぜんいい」という点をセールスポイントにして大成功したわけだ。

また、自分に自信のない男性ほど、他人の長所をうらやみがちだ。そのため、モテる男を見て、自分もあいつの真似をしたらモテる男になれるのではないかと、カン違いすることも少なくない。しかし、いくらモテる男の真似をしたところで、モテる男になれるとは限らない。たんなる表面的な物真似で終わるだけで、自分の魅力を引き出すどころか、逆効果になることが多い。たまたま自分のまわりにいるモテる男が、話術にたくみで、自分の魅力をアピールしているからといって、自分も女性を相手にペラペラしゃべってみても、たんに軽薄で騒々しい男にしか思われないのがオチだろう。

モテる男の魅力は百人百様である。人の真似をしたところで、それが自分の魅力を引き出すことになることはめったにない。そんなことをするよりも、もっと自分に自信を持つことである。容姿がよくない、背が低い、気が小さいなどと、自分の欠点にこだわってうじうじしているだけでは、いつまでたってもモテる男になれっこない。

ちょっと見方を変えるだけで、短所がすごい長所になる！

「長所を見つけろといっても、自分には特に人に自慢できるようなところはないし、欠点しか思い浮かばない」という人もいるかもしれない。しかし、「背が低い」「ハンサムではない」といった外見的なことはともかく、自分の性格の中での長所と短所とは、じつは裏表の関係にある。

よく、履歴書には自分の長所を書く欄があるが、このとき、「陽気」と書くことはあっても、「いつも騒がしい」と書く人はいないだろう。しかし、この二つは、実際問題としてはほとんど同じ意味だ。逆に、「ずぼらな性格」だとしても、これも「小さなことにはこだわらない性格」という長所として書くこともできる。モテる男になるための長所を見つけるときも同じことだ。一つの性格にはプラスの面とマイナスの面の両方がある。要は、自分の持っている性格を、いかにプラスに受け止めるかだ。

彼女とデートをするときに、いつも食事をする店がなかなか決められず、「レストランひとつ、すぐに決めることができない、優柔不断な人ね」といわれたとする。しかし、この優柔不断な性格も、見方を変えれば「慎重」という長所になりうる。なかなか決められないということは、レストランを前にしたときに、「ここの料理に彼女は満足してくれるだろうか。雰囲気はどうだろうか。安すぎはしないだろうか」などと、いろいろな要素を考え、失敗をしないようにと考えすぎるあまり、迷ってしまうわけだ。だから事前に慎重に検討して決めておけば、その細やかな心づかいは女性からも歓迎されよう。

また、女性の前に出ると何をいっていいかわからず、ひと言も口をきくことができないとか、女性とデートしていても、彼女をうまくリードできないという人は、相手の気持ちをたいせつに考え、気を使いすぎるあまりしゃべれなくなっているのかもしれない。「こんなことをいったら、彼女に失礼にあたるのではないか」「こんな話題は、彼女には興味のない話かもしれない」などと、相手を思いやる「やさしさ」が働きすぎて、自分からは相手のなかに入っていけなくなっているのである。自分から話すのでなく、女性のグチや悩み話を聞く形でこの「やさしさ」を発揮すれば、「包容力のある人」というモテる男の条件を満たすことができるのである。

自分に自信がない人ほど、自分の長所よりも欠点のほうに、つい目がいってしまうものだ。そういう人は、自分の欠点と思っていることを、一度見直してみるといい。欠点と思っていたことも、すこし見方を変えれば、モテるための〝武器〟に逆転させられることがわかってくるだろう。いま、モテないと思っている人は、モテる素質はあるのに、ただアピール法がヘタで、せっかくのモテる男の〝武器〟を埋もれさせてしまっているだけなのだ。

女は「マメな男」にかならず好感を持つ

女性のちょっとした変化に気づけ！

マメな男はモテるというが、実際にもたしかにそのとおりのケースが多い。マメというのは、すぐ動く行動力があるということだが、モテない男性を見ると、モテる資質はあるのに、行動力にちょっと欠けているということが多い。モテるためにはどうしたらいいのだろう、と考えているだけではモテる男にはなれないのである。

モテるには、何よりも、まず、女性に自分の存在を知ってもらわなければなんにもならないが、それには行動することが必要だ。たとえば、つき合いたいと思っている女性がいても、ただ思っているだけでは、自分の気持ちは彼女には伝わらない。彼女が自分のほうを向いてくれなければ、恋愛感情も生まれてこないのは当然だ。

モテるために第一にしなければならないことは、とにかくマメに行動して、彼女に近づくことである。何かと自分のそばにいてくれる男性に対しては、女性はそれだけで親しみを感じることが多い。

私の大学時代の友人だが、たいへん女性にモテる男がいた。彼といっしょに学内を歩いているとき、「ミス〇〇学部」の異名を持つ女性が通りかかった。すると、彼はすれ違いざまに「髪型が変わったね」と、彼女にささやいた。彼女は、ニコッと笑顔を見せて去っていったが、あとで彼に聞いたところ、彼女をデートに誘うことに成功したという。彼はこの女性に限らず、常にまわりの女性をよく観察していて、ちょっとした変化に気づいては、すぐにそれを口にしていたようだ。女性にしてみれば、新しい髪型にしたり、いままで着たことがない洋服を着たりしたときは、ほかの人の目が気になるものである。それをすばやく見抜いて、かならずほめる彼のマメさが、女性にとって、彼を気になる存在にしたのだろう。

こういうと、自分には女性と知り合う機会がないから、いくらマメになろうとしてもダメだ、という男性もいることだろう。しかし、女性と知り合うチャンスなどいくらでもある。まわりに女性がいなければ、友人に紹介してもらえばいい。それも、こちらから頼みに行くという行動を起こさなければダメだ。こうした行動もせずにモテようなどと思うのは、太陽が西から昇るのを待つようなものだろう。

積極的な行動が、魅力ある男を育てる

「畳の上の水練」という言葉がある。泳げない人が畳を海に見立てて泳ぐ練習をする。しかし、泳げない人がいくら技術書を読んだからといって、海で泳げるようにはならない。実際に海に行って泳いでみなければ、泳げるようにはならないという意味だ。モテる男になるのもこれと同じだ。「畳の上の水練」をいくら繰り返したところで、実際にモテる男にはなれない。

最近、若者向けの雑誌には、よく、「こうすれば女性とつき合うことができる」という記事が載っている。デートの誘い方から、はてはベッドでのテクニックまで、たいへん詳しく女性とのつき合い方が書いてある。こうした情報も、たしかに役に立つところはあるが、デートブックをいくら読んだところで、女性にモテる男にはならない。実際に女性とつき合ってみていろいろな経験を積むことが、デートブックを読むよりもたいせつだろう。

モテない男性を見ていると、女性に対して消極的な人が多い。女性のほうから声がかかるのを待っているのだが、男のほうから声をかけなければ、女性から異性としては見てもらいにくい。彼女にとっては、そんな男性は恋愛の対象外の存在だ。こうし

て、いつまで待っても女性から声がかからないため、ますます自分はモテない男なのだと自信をなくし、いっそう女性に近づくことに対して臆病になってしまう。こうした悪循環をたどって、どんどんモテる男から遠ざかってしまう。

いっぽう、モテる男は積極的だ。ちょっとでも気に入った女性がいると、声をかけるなりして、なんとか彼女の注意を引こうとする。行動を起こせば、彼女に自分の気持ちを気づいてもらえる。その先、彼女とうまくいくかどうかは別の問題だが、何もしない男性よりは、よほどうまくいく可能性は高い。成功体験を持つことは、男としての自信にもつながる。自信があれば、ますます女性に対して積極的に行動でき、女性にとって気になる存在になる。こうしてモテる男になる好循環ができる。この循環の違いが、モテる男とモテない男とを分けるのである。

モテる男の条件を磨くためにも、行動することはたいせつだ。モテる男というのは、女性に限らず、何事に対しても積極的な人が多い。おもしろそうだと思ったことがあったら、実際に自分で試してみる。はやりのスポットに行ってみるのもそうだし、話題の映画を見にいったり、本を読んだりするのもそうだ。そうすることによって、好奇心や感性も豊かになる。そこでますます、おもしろいものを求めて積極的に行動する。こういう生活をしている人は、先ほど紹介したモテる男の五つの条件もいつのまにか磨かれていく。積極的に動くことが、魅力的な男性になるための好循環をつくるわけだ。

モテる男になろうと思ったら、あれこれ考えるよりも、まず行動することだ。行動することで、自分に対する自信もついてくるはずだ。

つき合ってみてはじめて、女の気持ちがわかる

漫画家の柴門ふみさんは、若い男女の微妙に揺れ動く心をたくみに表現し、そのリ

アリティあふれる恋愛ドラマによって、若者の人気を得ている。その柴門さんは、エッセイ『恋愛論』の中で、「『じつは、好きだったんだ』という告白は最もドラマになりやすい」といっている。「じつは、好きだったんだ」とは、昔はいえなかった気持ちを告白するセリフで、中学や高校の同級生と再会したときには、こうした言葉はたしかにドラマを生むかもしれない。

しかし、実際には「いま好きです」「つき合ってほしい」というのが相手に伝わらなければ、ほとんど話が進まないだろう。にもかかわらず、「そんなことをいったらふられるんじゃないか」と、ふられることを恐れるあまり、自分の気持ちを女性に伝えようとしない男性が、最近増えている。

こういう男性に限って、「まわりにいい女がいないから」「自分から近づこうという気になるような女性がいないから」と自分から行動しないことの言い訳をする。しかし、よく考えてみてほしい。ロミオとジュリエットのように、「一目会ったその日から、恋の花咲くときもある」というような男女の例はまれなケースで、たいていの男女の仲は、友だちや同僚といったつき合いから始まる。そしてお互いに、「なんとなく気が合う人だな」と思いながらつき合っていくうちに、恋愛感情が芽生えてくるものなのだ。そして、そのうちに、「彼と会えない毎日なんて考えられない」といった関係になってくるものなのだ。

男と女の仲なんて、実際につき合ってみなければわからないことが多い。たとえいまはそれほど好きでなくても、話をするのが楽しいと思う女性がいたら、とにかくつき合ってみることだ。つき合ってみなければ、女性の気持ちもつかめない。その結果ふられたとしても、そのときは、「縁がなかったんだ」と割り切ればいい。ふられたからといって、それで一生が終わるわけではないし、二度と女性とつき合えないわけでもない。それに、ふられてみなければ、自分のどこがモテないところなのかもわからない。モテる男はたいてい何度もふられた経験を持っている。ふられることを恐れずに行動することで、モテる男への道も開けるのだ。

2章以降では、モテる男になるために、自分の〝武器〟を生かすアピール法や、女性との接し方を具体的にお話ししていくが、これも読むだけで終わらせず、一つでもいいから、ぜひ実践していただきたい。

2章

女心をいつの間にかつかんでしまう「会話術」

1 「べつに」「まあね」などのあいまい語は使わない

《実例》なぜ、女性はバカにされたと感じたのか

「敬語の使い方などが身についていないので、ちゃんとした場に出て話すのが不安」というのは、就職活動をする学生からよく聞くことだが、ちょっとした言葉づかいの不注意のために、入社一日目から女性から総スカンを食らってしまった男性がいる。

退社時間がきて、自分の机の上を片づけていたときのことだ。「これから帰るの?」と、先輩の女性社員が話しかけてきた。「初日だから疲れたでしょう?」「べつに……」「覚えることが多くてたいへんでしょう?」「まあね……」「困ったことがあったら、いってくださいね」「とくには……」

彼としては、まだ無我夢中で疲れを感じるほどの余裕もなかったし、新しいことを覚えるたいへんさは、新入社員としては当然のことと覚悟していた。困ったことももとくにはなかったので、自分の気持ちに正直に答えたつもりだった。言葉づかいも、ふだんの調子で、とくに乱暴な言い方をしたつもりはなかった。しかし、彼が姿を消すや、このやりとりを聞いていたほかの女性社員たちが立ちあがり、「なによ、あの新入社員は。ほんとうに無愛想で失礼ね。人をバカにしてるわ」と口々に言い始めたという。以来、女性社員のあいだでの彼の評価は下がりっぱなしで、仕事で彼が話しかけても、冷ややかな視線が返ってくるだけだそうだ。

《なぜモテないか》自分をあいまいにするのは、コミュニケーションの拒否にもなる

以前、『「NO」と言える日本』という本が話題になったが、日本人は一般に、イエス、ノーなどの自分の意見をはっきりいわない民族だといわれている。自分の意見を主張することで起こる周囲との摩擦を避けようとするわけだが、〝横並び意識〟の強い若い人には、とくにこの心理が強く働くようだ。仲間はずれを恐れるあまり、ちょっとしたことでもあいまいなままですませてしまおうとするのである。最近の若い人がよく口にする「べつに」「まあね」「ちょっと」などは、そうした心理からくるものだろう。

しかし、こうしたあいまいなごまかしは、仲間内では通用するかもしれないが、い

つでも通じるというものではない。人と人とのコミュニケーションは、お互いに相手を知り合おうとするところに成立するものだが、常に受け答えがあいまいなままでは、相手からコミュニケーションを拒否していると受けとられても仕方ないのである。先の男性が、女性社員から「無愛想で失礼な男だ」と嫌われた理由もここにあるといえよう。だから、いつも返事をあいまいなままごまかしていると、女性からだけでなく、男性からも「あいつとは話ができない」と敬遠され、女性からモテないどころか、だれからも相手にされなくなる恐れさえある。

《対策》ほんとうの自分をさらけ出すことを恐れるな！

自分の考えを「べつに」「まあね」「ちょっと」などのあいまい言葉でごまかすのは、じつはもう一つ問題がある。それは、ものごとを考えるのをめんどうくさがり、〝思考節約〟をしようとする態度が潜んでいることだ。たとえば「仕事はまあまあです」といわれても、本人以外はどの程度なのかさっぱりわからないが、こうしたあいまいな言葉を使っていれば、いう本人もそれほど深く考えないですむのである。きびしい言い方かもしれないが、あいまい言葉ばかり使っていると、頭まであいまいになりかねないのだ。

自分の男性としての魅力を磨くためにも、人と話すときは、ふだんから、あいまい言葉はできるだけ使わないようにすることが必要だろう。とくに自分について話すときは、「思ったより疲れませんでした」「いまのところ、困ったことはとくにありません」など、思っていることをはっきりいったほうがいい。はっきりした話し方をする男性に、女性は誠実さ、頼もしさを感じることが多いのだ。

いつも自分をさらけ出すことを恐れている男性に限って、「いい女がいない」とか「女性にめぐりあう機会がない」などと、彼女ができない理由をデッチあげたがるが、じつは自分でカベをつくって、そのチャンスを逃していることが多いのだ。

自分の意見や考えをはっきりいうことで、相手をムッとさせることもあるかもしれないが、それが誠意や熱意から出たものなら、相手も心を開いてくれる。

こんな〝第一歩〟が、チャンスを大きく広げていくのである。

2 「〜しませんか」ではなく、「〜しよう」と誘う

《実例》「映画がいい？ 遊園地がいい？」という誘いに、女はうんざりする

あるレストランで昼食をとっていたときのこと、会社の同僚らしい男女の会話が耳に飛び込んできた。彼は彼女が好きらしく、今度の休日に二人でどこかへ遊びに行かないかと、一生懸命に誘いかけていた。「いつヒマ？」「どこへ行きたい？」「映画がいい？ ディズニーランドがいい？」といった話し方であった。それに対して、女性の答え方は、「いつでもいいわ」「どこでもいいわ」「そこもいいわね」と、ほとんどあいづち程度にしか答えていなかった。

私は、これはうまくいかないだろう、と思って聞いていたが、案の定、その彼女は、時計を見ながら結局、何一つ決めずに「もう帰らなくちゃ」と立ち上がってしまった。男のほうも仕方なく立ち上がったが、そのときの渋い顔といったらなかった。私は、よほど「いまのキミの誘い方が悪い」と注意してあげようと思ったほどだ。

もちろん、よけいなおせっかいを焼くつもりはないが、最近の若い男性には、こうした話し方をする人が多いので、気になったことはたしかである。

《なぜモテないか》女は、自分に選択の責任を押しつける男を嫌う

女性は、自分をリードしてくれるしっかりした男性に魅力を感じる。逆に、相手の女性にゲタをあずけて、決断を求める言い方をするような男性に対しては、「煮えきらない人」という印象を持ってしまう。一見、女性の意見を尊重しているように見えるが、なんでも女性に選ばせる男性は、女性の目には「優柔不断な男」としか映らない。

女性は、いくら強くなったといっても、そもそも受動型で、自分の行動に責任を持つことを避けたがる傾向がある。心のどこかで、仕方なく誘われたのだという「言い訳」を求めているのだ。

だから、女性に決断を求めるような言い方は、女性にとっては自分の側に責任を押しつけられていると感じてしまう。相手が警戒心の強い、慎重な女性であればあるほど、こんな誘い方では、相手に迷いが生じやすく、それだけ〝ノー〟といわれる可能

性が高くなる。だいいち、どこまで本気で自分を誘おうとしているのか、ほんとうにその場所へ行きたいのかと疑問さえ感じるだろう。無責任な男だと思わない場合にせよ、こんな誘い方に対しては返答に困ってしまうはずだ。

べつにデートの誘いだけでなく、デートに行ったが混雑していた場合や、雨のため遊園地で遊べなくなったなど、その場で決断しなければいけない場合も同じことがいえるのである。

《対策》「～しよう」のひと言が〝頼もしい男〟を女性に印象づける

テレビ番組で、初対面の男性が好きな女性に告白する内容のものがあった。複数の男女が初めて〝ご対面〟して、フリータイムを楽しんだあと、男性が気に入った女性のもとに駆け寄って求愛をするわけだが、それを見ていると、告白の仕方にもいろいろあるなと感心してしまう。

しかし、それ以上に興味深いのは、告白の口調が、断定した言い方をする者と、語尾があいまいな弱々しい言い方しかしない者の二タイプに分かれるということだ。断定する男性は「こんど、○○に行きましょう、よろしくお願いします！」とはっきり

した言い方をする。あいまいな言い方しかしない男性は「～しませんか、お願いします！」といった言い方をする。テレビを見ている私の教え子たちに意見を聞くと、はっきり短く告白してくれる男性のほうが好感が持てるという答えが返ってきたが、告白に成功する男性は、やはりこちらのほうが多いようだ。

だから、もし彼女を誘いたいなら「～しませんか」「～がいいかもしれない」ではなく「～しよう」「～がいい」とキッパリ力強くいうほうがいい。「～しよう」とはっきり誘うと、女性は「はい」とひと言いえばすむ状況になるのだから、あれこれ迷わずにすむ。また、男の決めたことだから責任は男にあるという、自分自身に対する「言い訳」もできるのである。

極端な話、女性がこちらとつき合おうかどうか迷っているときでも、断定した口調で迫れば、その女性が何となくうなずいただけでも話は決まってしまうことになる。

しかし、「ディナーショーの券があるんだけど……」「こんど、メジャーリーグの試合が日本であるね……」など、誘いとも思えない誘いの言葉を聞くと、女性の側でもどう返答していいか答えようがない。「だから、どうしろというの」「聞きたいのはその先なのに」と思ってしまうのだ。

しっかりした頼もしい男性と彼女に思われるかどうかは、その話し方の語尾に、明確な意志と感情がこもっているかどうかで決まるのである。

3　彼女に好印象を与えるとっておきの方法

《実例》〝いい男〟と〝自意識過剰男〟とは違う

昔から、すこしカゲがあり、酸いも甘いもかみ分けた二枚目というのは、男性としての理想像だといわれている。スクリーンに登場する二枚目はこのタイプが多い。いい例が、俳優の高倉健さんや『カサブランカ』『マルタの鷹』などのハンフリー・ボガートである。過去を背負い、たとえ女性から「明日の夜、あいてない？」といわれても、「明日のことなんかわからない」とカッコよく受け流してしまう。私の若いころの文学青年などにも、多く見受けられたタイプだ。

ところが、最近少なくなったとはいえ、まだまだ、このタイプが根強く生き残っているから驚いてしまう。先日も見かけたのだが、二、三人の若い女性が歩いてきて、そのなかの一人が顔見知りの若者を見つけたらしい。若い女性が軽く会釈すると、その若者は、相手に気がついたにもかかわらず、目線も合わさずに、ちょっとアゴを動かしただけで行きすぎてしまった。まだこういうタイプがいるのかと、やはり自意識過剰だった若き日の自分と重ね合わせて、こちらまで恥ずかしくなってしまった。これがいい男というものだと思い込んでいるのだったら、見当違いもはなはだしいことは、女性の渋い顔からも明らかだった。

《なぜモテないか》〝無愛想の演出〟は、人間関係の基本をぶち壊すだけ

「無口であまり感情を表に出さないのが男のスタイルであり、カッコいい」と思い込んでいる男性の多くは、それが女性から見れば、ただの〝暗い男〟〝無愛想な男〟にしか見えていないことに気がついていない。そして、えてしてこういう男に限って、なぜ女性が近づいてこないのだろうか、と悩んでいたりするものだ。しかし、断言してもいいが、こういうタイプの男がモテるためには、田村正和クラスの〝男の色気〟を感じさせる魅力でもなければ、とても無理である。スクリーンと現実はまったく違うと思ってほしい。こうしたタイプの男性は、女性からすると、結局、自分がかわいく、自分にしか興味を持っていない男に見えてしまう。

とくに、先の実例の男性のように、すれ違っても挨拶もしないというのは、人間関

係の基本をそこねている。社会というのは、毎日、何十人ものさまざまな人間と出会う場だ。すれ違うだけのこともあれば、長々と話をする場合もある。だが、いずれの場合でも、まず人間関係の入口として、相互に相手の存在を認め合う儀式、すなわち挨拶からすべてが始まる。その挨拶をしないというのは、相手の存在を無視しているということだ。暗い男、無愛想な男ぐらいの評価ですめばまだましで、じつに無礼な男だということにもなりかねない。

《対策》挨拶の言葉は、女性からかけられる前に、こちらからかける

最近転職した友人と会って、新しい職場はどうだと聞いたところ、「毎日、健康飲料を飲むようになった」という返事が返ってきた。というのは、その会社には毎朝、年配の女性が健康飲料を売りにくるのだが、彼女が朝、明るい笑顔で「おはようございます」と元気に入ってくると、職場の人間のほとんどは、仕事を中断して彼女から健康飲料を買うのだそうだ。以前の職場でも、そういうセールスの女性は来ていたのだが、そのときはとくに飲もうという気がなかった彼も、彼女の元気な挨拶を聞くと、ついその健康飲料を飲みたくなってしまうそうだ。

明るい挨拶をされて不快に思う人はまずいないだろう。他人に好印象を与えようと思ったら、人と会ったときには、大声でなくていいから、こちらから先に挨拶するよう心がけるといい。それだけでも、無愛想なイメージはなくなる。このときに、あなたに出会えてうれしいという、すっきりした笑顔ができれば、相手に、より親しみを感じさせやすくなる。これは相手が女性の場合に限らず、だれにでも通用する。

さらに、女性と話をするときは、相手の目を見て話すこともたいせつだ。〝目は口ほどにものをいい〟と昔からいわれるように、人間の意志や感情はすべて目にあらわれるものだ。相手の目を見ることは、自分の自信を培うのにもつながり、話す内容もストレートに伝わりやすくなる。

とくに、男性とすぐなれなれしくなるようなことのない女性には、すすんで挨拶をし、話すチャンスがあるなら、きっちりと相手の目を見て話すことをおすすめする。そういう女性はえてして、ふだんは異性の前で自分を開放することをためらっていることが少なくない。だから、相手がとくに自分を選んで注目してくれたという思いが一層強くなり、こちらに対しても心を開いてくれるはずだ。

4 「ありがとう」というちょっとしたひと言が、好印象を生む

《実例》ほんとうに魅力的な男とは？

アメリカでは一時、ヤッピーといって、モーレツに働いてお金を稼ぐ若手ビジネスマンがもてはやされたが、日本でも、最近はヤッピーのように働く〝ヤング・エグゼクティブ〟といわれる若者が増えてきていると聞く。彼らはバリバリ働き、よく稼ぐから、さぞかし女性にモテそうな気もするが、モテるのは一部だけで、意外にモテない男性が多いという。

ある女性にいわせれば、ウワサとして聞くぶんにはずいぶん魅力的な男性に感じるが、実際に同じ職場にいると、鼻持ちならない存在なのだそうだ。彼の机にお茶を持って行っても「ありがとう」のひと言もいわない。コピーを頼むときも、「これをとってくれ」と命令口調である。「すまないね」ともいってくれない。頭にきた彼女は、こんな男なら、すこしくらい仕事ができなくても、きちんとお礼をいってくれるふつ

うの男のほうがずっとマシだ、と語っていた。
この彼も現在、女性には縁がなく、声をかけてもあまり相手にされないという。先の女性にいわせれば、モテないのは当たり前といったところのようだ。

《なぜモテないか》このちょっとした気遣いが差を生む！

映画『男はつらいよ』に、こんな一シーンがあった。「とらや」に居候することになったあるアメリカ人が、寅次郎の妹・さくらと博の夫婦のやりとりを見て不思議に思う。なぜ、夫の博は、さくらにお茶をいれてもらっても「ありがとう」のひと言もいわないのか、わからないのである。そこで、寅さんは、これを心の通い合った日本人同士のやりとりだというのだが、問題なのは、最近の日本人が、この心のやりとりを誤解していることが少なくないことだ。

「ありがとう」のひと言もいわないですませられるのは、お互いにわかり合った者同士の話で、まだ親しくもない間柄で「ありがとう」のひと言もないのでは、相手の目には横柄な男としか映らないだろう。とりわけ、日本人の男性の場合、親しい女性には母親の代役を求める傾向が強いから、母親に接するのと同じように「ありがとう」

を省略するのだが、これから恋人になるかもしれない相手は〝母親〟でもなんでもない。かつて自分の世話を当然のように焼いてくれた母親と、恋人とは違うのだ。

また、お茶をいれてくれたり、コピーをとってくれる女性も、それだけが仕事ではなく、男性へのサービスからやってくれていることが多い。それなのに、感謝の言葉のかけらもないのでは、好意に砂をかけられたように思う。これでは印象は悪くなるばかりだ。

《対策》雑用を自分でしてみることで、女性の気持ちもわかるようになる

〝売り家と唐様で書く三代目〟という言葉はご存じと思うが、良家のボンボンほど自分の店を潰してしまいやすいという意味だ。英才教育を受けてきたのだから、一見、仕事ができるように見えるが、じつは肝心の人間関係がわかっていない。下の者にへンにいばったり、さきほどのお茶くみの話のように「ありがとう」のひと言もいわないから人に嫌われやすい。下の者は、なんでもきいてくれる〝母親代わり〟のようなものだと思っているのだろう。

そんな〝三代目のボンボン〟でも、一度、丁稚としてよその店で働くと、まったく

人当たりが変わるという。雑用と思っていたことを自分で体験することによって、そのたいへんさが自分でわかるようになるからだ。だから、下の者にも安易に〝母親代わり〟を求めなくなる。もちろん、こんな〝三代目〟なら、まわりにも人気があり、店を潰してしまうことなどないだろう。

先のヤング・エグゼクティブに限らず、自分ではそれと知らずに女性の前で横柄な態度をとっている男性は少なくないようだ。無意識に行っていたそうした不注意のために、女性から相手にされないのではバカバカしい。

そこで、一度、〝丁稚〟になってみてはどうだろうか。会社でなら、雑用をいろいろ引き受けてみる。人に何かしてもらったら、それが後輩であろうと掃除のおばさんであろうとお礼をいう。自分の部屋のあと片づけも、母親まかせにせず、自分で片づけるよう習慣づける。なんだ、女性にモテることとは関係ないじゃないかと思われるかもしれないが、こうして毎日の雑用を自分の手でしているうちに、他人への自然な気くばりができるようになる。

女性の前に出たときも、自然にお礼やいたわりの言葉が出てくるようになる。そんな男性に、女性は熱い注目の視線を浴びせるようになるはずだ。

5　女は、〝一人前の人間〟と認めてくれる男に惹かれていく

《実例》「ぼくにまかせればだいじょうぶ」は、女性の意見を無視しているだけ

いまではもう「男尊女卑」という言葉が使われることもほとんどなくなったようだが、小さいころから共学の中で育ってきたいまの若い男性の中にも、まだまだそうした考えを固持している人がいるというから驚きだ。卒業後、遊びに来た私の教え子が、こんな男性の話をしてくれた。

彼女が入った会社では、四月の大部分は新人研修をするのだそうだが、会社説明もはじめの数日間聞いたあとは、グループを組んで企画案を出し合ったり、ロールプレイングゲームをしたりと、実戦的なシミュレーションを行うのだそうだ。二人で組になって行うあるシミュレーション研修で、彼女は、会社説明のときにいつも隣の席に座っていた男性と組むことになった。彼とはそれまでの何日間かで昼食をいっしょにとることもあり、けっこう話も合うので、彼と組めばきっとうまくいくだろうと思っ

ていた。しかし、実際に彼と組んでみると、彼女の期待はまったくはずれた。というのは、彼は二人で考えるべきシミュレーションの内容や進行を、「だいじょうぶ。ぼくにまかせてくれればいいんだ」といって、すべて一人で決めてしまうからだ。彼女が何か意見をいっても、まるで相手にしない。彼女が、自分だってこの研修に参加しているのだから、もっとかかわらせてくれというと、「しょせん会社は女には期待していないんだから、キミがこんなことを勉強したって何の役にも立たないじゃないか」と、てんで取り合おうとしない。結局、その研修は最後まで彼のそんなペースのまま終わった。

彼は、研修中の自分の態度を「当然のこ

と」と、なんの疑問も抱いていないようで、研修期間が終わってから、何度か彼女に飲みにいこうと誘ったのだそうだが、彼女は、もう彼とは飲みにいくのはもちろんのこと、昼食だっていっしょにしたくないと、非常に立腹した様子だった。

《なぜモテないか》「女だから無理」という発想では、女性に嫌われるのも当然

電車の中でお年寄りに席をゆずろうとしたら、「私はまだそんな年寄りではない」と怒られた、という話を聞くが、「お年寄りだから体が弱いのが当たり前」という考えは、元気なお年寄りにとってはがまんならない、こちら側の〝決めつけ〟なのだろう。この場合は、お年寄りに対するいたわりから出た親切だからまだしも、これが「女性だから何もできない」という〝決めつけ〟で女性に接する男性は、女性に嫌われるのも当然だろう。こういう男性が嫌われるのは、男性的魅力というよりも、まず、それ以前に、人間的魅力が欠けているからだ。

職場で、昔ながらの役割分担に固執する男性は、女性から一個の人間としての新しい魅力を引き出そうとしない。女性の社会進出が進み、「女性を戦力化できない会社は成長しない」などといわれている今日、人間的にもっと成長したいと望んでいる女

性が、そういう男性を自分の成長を妨害しようとする男性として嫌うのは当たり前の話だ。

《対策》女性から〝学ぶ姿勢〟を見せろ！

私の教え子に、司法試験に合格して弁護士になりたいという女子学生がいた。彼女に対して、男友だちのほとんどは「おまえには無理だ、合格できるわけがない」といったのだが、その中にただ一人だけ、「頑張ってね」と励ましてくれる男性がいた。結局、彼女は合格した。試験のとき、彼のひと言が心の支えになったのだそうだ。女性にモテようと思ったら、この男性の態度を見習うべきだろう。性別にこだわらず、一人の人間として見てくれる男性に対して、女性は強い信頼感を抱くものなのだ。

たとえば職場だったら、「女性なんかにはわかりっこない」という固定観念を捨て、自分から進んで女性にも仕事上の意見を聞いてみるようにするといいだろう。実際、女性の目をとおした意見は、男性ではなかなか持ちにくい視点からの洞察が含まれており、はっとさせられることも多い。そうしたことを続けていくうちに、昔ながらの考えにとらわれている男性でも、女性に対する認識が自然に変わってくるだろう。

また、近ごろの女性は、休日の過ごし方にしても、自己啓発のための勉強にしても、男性よりもずっと積極的に行動していることが多い。女性が何か新しいことをはじめようとしたときや、夢を語ったときなどは、「何をバカなことをいっているんだ」「女は気楽でいいよな」などとバカにしないで、「やるなあ」「オレもがんばらなくちゃな」と励ますことだ。

6 彼女に近づくための気軽な声のかけ方

《実例》何もいわず、じっと女性を見つめるだけの「ヘンな男」

好きな女性ができても、自分から話しかけることができず、ただ見つめるだけという男がいる。それは気が弱いからだが、じっと見つめていれば、女性のほうでも何となく気にはなる。しかし、いくら見つめていても、それ以上の行動を起こさなければ、「ヘンな男」としか思われないだろう。

ある男性が、友だちに誘われて合同コンパに出かけた。中にひと目で気に入った女性がいたのだが、気が弱いため、どうしても彼女に話しかけることができない。しかし、彼女のことが気になるので、彼女のほうばかりを見ていたという。相手の女性も彼の視線に気がついたが、その後は、彼をまったく無視するようにふるまった。しかも、ほかの女性たちまで彼をヘンな顔をして見るようになり、彼の近くにいるのを避けるようになった。

コンパのあとで一人の女性から、「あなた、ちょっと目つきが悪いわよ」といわれてしまった。どうやらその男性は、合同コンパに参加していた女性たち全員から「ヘンな男」と嫌われてしまったらしい。

《なぜモテないか》〝自意識過剰〟が、見つめるだけで行動しない男をつくりあげる

気が弱いため、自分から人になかなか話しかけられないという男性は決して少なくないだろう。道に迷ったとき、知らない人に声をかけるのがこわくて、ちょっと聞けばすぐわかったところを、何時間も迷いつづけたという人もいる。そこまでいかなくても、男性には声をかけられるが、女性には声をかけられないという人はかなりいる。

こうした男性に共通しているのは、女性に声をかけたとき、そっけない態度をとられたらどうしようという不安が強いということだろう。もっといえば、自分が好きで声をかけた女性に嫌われたらどうしようという不安である。その不安のために、気になる女性がいても、口がきけなくなってしまう。いってみれば、こういう人は自意識過剰なのである。

こうした気の弱い人の中には、先の男性のように、ただ相手をじっと見つめている

だけだったり、相手のささいな行動までいちいち気にしている、ということが多い。女性もそのあたりは意外に敏感に察知するが、男がいつまでも見ているだけで行動に出ないでいると、しだいに不安や不快感を感じることが多い。

自分に注目している男が何を考えているのかわからないのでは、警戒心の強い女性が不安を感じても当然だろう。最初は、見つめられることに快感をおぼえていた女性でも、じっと見つめるだけで行動を起こさない男性の態度には、やがてうっとうしさ、わずらわしさしか感じないようになっていく。

《対策》女性に声をかけるのが苦手なら、何か〝用事〟をつくればいい

女性に話しかけるのが苦手だという人に、まずいっておきたいのは、いくら好きな女性ができても、はじめて口をきくのに、「好きだ」というセリフはありえないということだ。そんなことをしたら、女性は驚いて逃げていくだけだろう。好きな人に近づくために話しかけることと、「好きだ」と告白することは違うのである。

とにかく最初は、なんでもいいから近づくきっかけをつくることが〝第一歩〟になる。たとえば、何か用事をつくって相手に頼むというのでもいい。そして、そのお礼

に食事に誘うというやり方もある。

仕事や勉強の話なら、女性もヘンな警戒心を抱かないものである。女性からすると、誘われる場合には、何か下心があるのかな、と、まず警戒するのがふつうだ。しかし、用があるのだからと、彼女に話しかける理由がはっきりしていれば、こうした警戒心を持たずに、話しかけてきた男性にそれなりに対応しようとする。このような接触を何度か繰り返し、お互いに相手がわかるようになれば、話もおのずとはずんでくるし、その後の関係もスムーズにいくようになるはずだ。

また、場合によっては、電話を使って用事を頼むという方法もある。とくに、電話なら相手の顔も見えないし、その人だけに話しかけることができる。女性の側からすれば、大勢の中から、どうしてわざわざ自分を選んで頼んできたのだろう、ということになるから、かなり効果的な方法といえるだろう。

7　女は、かわいい子だけをエコひいきしない男にやさしさを感じる

《実例》こんな態度は女性から嫌われる

同期の卒業生が集まって、同窓会気分で私の研究室に遊びにくることがある。会社勤めの子が多い場合、上司の悪口で座が盛り上がることが多い。

はたで聞いていると、彼女たちにとくに嫌われるのは、仕事のできるできないにかかわらず、自分の好みのタイプだからと、特定の女性社員をエコひいきする上司であるようだ。好き嫌いを露骨に出さなくても、仕事を頼むときの声の掛け方や仕事を教えてくれるときの微妙な態度の違いで、「あ、あの子はひいきされているな」とか、「私はどうも好かれていないらしい」などと敏感に感じ取る。エコひいきされている当事者である女性社員ほど、陰ではその上司の悪口をひどくいったりもする。

忘年会や社員旅行の宴会の席では、〝差別〟はもっと露骨になることが多いらしい。容姿のいい子や男性受けのいい女性社員を隣に座らせて、お酌をさせ、悦に入ってい

る男性もいるという。

「会社は仕事をするところなのに、何よ。私たちはホステスじゃないんだからね」と、彼女たちはふんまんやるかたないといった口調で、そういった上司を非難するのである。

《なぜモテないか》エコひいきの中に、女性はセックスへの露骨な欲望を感じる

男性が何人か集まれば、かならず始まるのが女性の品評会である。なかでも、容姿の話は話題にしやすく、「A子は顔はいいけど、足が太いからな」とか、「B子は美人だけど、少し水っぽい」など、自分のことはタナにあげて、言いたい放題のことをいう。男性が女性の容姿を気にするのは、フェミニストからは〝女性差別だ〟とか〝性の蔑視〟だとかといって非難されるが、じつはそれには生物学的な理由がある。どんなにシャイで受け身な男性でも、セックスのときは積極的にならないとオスとしての機能を果たすことができない。女性に対して積極的になり、性機能を働かせるためには、男性は視覚的な刺激を必要とするからだ。

しかし、容姿のことであれこれとうるさくいう男性ほど、女性にはモテない。女性

を外見で判断して、ルックスがいい女性だけをチヤホヤする男は、女性から確実に嫌われたり、不信感を持たれたりする。こういう男性が嫌われるのは、女性をセックスの対象としてしか見ないことに敏感に気づかれてしまうからだ。会社は、男性も女性もなく、人間と人間が協力し合って一つの仕事をなしとげる場である。そこに、セックスの視点を持ち込む男性のことを女性は嫌うのだ。

《対策》会社内の女性には、すべて公平に接することで、女性からも信頼感を持たれる

女性は、容姿で差別されることに敏感だ。男性が女性の容姿にこだわるのは、オスとしての性機能のゆえであるといっても、そこで開き直ってしまっては、女性からは嫌われるだけだ。セックスが男女関係のすべてではないのである。容姿にばかりこだわっていては、精神的に豊かな恋愛もできない。まずは、自分の周囲にいる女性とは公平につき合うことである。特定のかわいい子だけをチヤホヤしないことだ。また、チヤホヤされている女性にしても、その理由が自分の容姿のよさだけだとわかれば、決して喜びはしない。

職場で飲み会があったときも、特定の女性社員以外は無視するような子どもっぽいことはしない。周囲の女性と公平に接していれば、「あの人は、うわべだけで人を判断しない人」と好感を持たれるだろう。また、いろいろな女性と話をすることは、容姿を超えたさまざまな女性の魅力を発見することにつながり、それが女性を見る目を養うことにもなる。

男性の差別的な態度というものは、自分でも意識していないところで表面にあらわれるものである。たとえば、好みの女性に対しては「よしこちゃん」と名で呼び、あまり好きでない女性には「山田さん」と姓で呼ぶといった男性がたまにいる。本人は意識してそうしているのではなくても、女性からは〝差別〟と思われがちだ。ふだんから気をつけておくほうがいいだろう。

そもそも、容姿のよしあしは個人的な主観であって、判断基準がこれほどあやふやなものもないだろう。個人の好みといっても、同じ人でも、思春期のときと三十歳のときとでは変わってくる。それぞれの女性には、それぞれの魅力があるはずだ。自分で好みのタイプを決めてしまって、それに縛られていると、一人ひとりの個性的な魅力を見抜くことができなくなる。よけいな先入観に縛られない目で女性を見れば、それだけ個々の女性の魅力をつかむことができるようになってくるだろう。

3章

彼女のあなたを見る目が変わる「つき合い方」

8 彼女の話を興味深く聞く！・・これが最高の自己アピール！

《実例》自分をよく見せようとしすぎると失敗する

最近は一億総グルメ時代とかで、かつてはごく限られた「通」しか知らなかったような店にまで、若い男女の姿が見受けられるようになった。先日も、グルメの友人をくどき落として教えてもらったレストランで、ちょうど若いカップルと隣り合わせのテーブルになった。

その男性は女性に店の説明をしている。内容もなかなかのものである。「この店はね、スズキのムニエルがすごくおいしいんだ。ソースがちょっと変わっててね……」と、けっこうな名解説である。あまり詳しいので常連かなとも思ったが、それにしてはちょっと若すぎるような気がした。女性のほうも男性の話に「へぇ」「ふーん」とうなずいている。そうこうしているうちに、メインディッシュが出てきた。そこでもまた彼は、「これは仔鴨の胸肉を……」とやりはじめた。

いつものコースではたしかに仔鴨の胸肉を使っているが、今日に限っては仔羊の肉を使っていた。そのくらいは口に入れたらわかりそうなものなのに、彼は「やっぱり仔鴨は違うねぇ」などといっているのだ。さすがに、彼女が恥ずかしそうな顔をしながら小声でたしなめた。

「みっともないからやめなさいよ、ぜんぶ雑誌で読んだことでしょ。でも、今日のは鴨じゃなくて羊の肉に変わっているの！」

店内にはささやかな笑いが起こり、二人は下を向いたまま、耳まで赤くしていた。食事はそのまま続けられたが、彼女は不機嫌な顔、彼は情けなさそうな顔をしたまま最後までひと言も口をきかず、食後のコーヒーをさっさと飲みほすと、すぐさま店から出ていってしまった。

《なぜモテないか》女性は知ったかぶりをする男に〝中身のない男性〟を見る

一般に若手社員は、新入社員が入ってきて自分に後輩ができると、急にしっかりしてくるという。後輩に「教えてください」といわれて「わからない」では、先輩としての面目が立たない。そこで、後輩からの質問に答えられるようになろうと、これまで以上に仕事に熱心になるのだ。

これは、男女のあいだでも似たような関係にあることがよくある。男性は女性に対して、自分が〝できる男〟であり、頼りになる存在であることを示したいものだ。そこで、多かれ少なかれ、男性は女性に虚勢を張りたがる。あとになってバレても笑えるような、ささやかな虚勢ならいいのだが、調子に乗って背伸びをしすぎると、取りつくろうことができなくなる。そうなってしまうと、彼女にとって、「知ったかぶりばかりする〝くだらない男〟」にもなりかねない。

自分をすこしでもよく見せようと、デートに備えて雑誌などから知識や情報をかき集めるのもいいが、インスタントはしょせんインスタント、いつかはバレることを覚悟しておくことだ。メッキがはがれたあとの男性は〝張り子のトラ〟で、女性の目には「中身のない、つまらない男」としか映らないだろう。しかも、背伸びが大きければ大きいほど、女性の失望も大きくなり、取り返しがつかなくなってしまいかねない。


《対策》女性は、自分が知っていることを聞かれれば、喜んで自分から話をしてくれる

女性の前で虚勢を張ってしまい、つい知ったかぶりをする男性というのは、反面、知的な男というイメージで自分のよさを彼女に示したいという知的向上心を持っている人なのだろう。ただ、知的なイメージを彼女にアピールしようとするなら、彼女から学ぶことも考えてみることだ。相手から教えてもらおうとする姿勢は、自分の知識欲を満たすだけでなく、相手からも喜ばれるものなのである。

お年寄りに好かれやすい、いわゆる「老人キラー」の人は、たとえ自分が知っていることであっても、相手が知っていそうなことなら、あえて聞くのだという。

聞かれた老人は、自分が相手に頼りにされているということでいい気分が味わえ、また、自分の持っている知識を披露する場があることにも喜びを感じるのである。

人からいろいろ聞かれたらうれしいのは、女性だって同じだ。うろおぼえの知識を知ったかぶりして話すよりも、「たしか、ここの店はこうだって、どこかで読んだんだけど、知ってる？」と聞いたほうが、彼女に喜ばれるし、自分が知っている以上の知識を彼女から教えてもらえるかもしれない。

彼女の話を興味深く聞くことが、どんなに言葉を繰り出すことよりも強力な「自分のアピール法」になるということだ。

9 「笑わせようとする男」より、「いっしょに笑ってくれる男」

《実例》友人の結婚式で、目立とうとしてひんしゅくを買った男

最近、友人の披露宴に出席した男性が〝勇み足〟をしてしまうケースが増えているようだ。たとえば、私が出席した披露宴で、こんなスピーチをした男性がいた。

「○○くん、本日はほんとうにおめでとうございます。……じつは○○くんは、以前××さんという女性とつき合っていたことがありました。××さんは横浜の女子大学に通っていた学生さんだったのですが、彼女と知り合ったきっかけがナンパでありました。そのときの彼はまだデートもしたことがないような人間だったものですから、私をはじめ数人の友人が、ナンパするのを手伝ってやらなければいけないような臆病な男だったのです。結局、彼女にはフラれましたが、それ以後、彼は失恋の試練をいく度も乗り越え、このような一人前の男性に成長したのです。そして、今日はおめでたい結婚式を迎えることができました。こんな美人の奥さんといっしょになれるなんて、このしあわせ者！　憎い、憎い！……」

こんな調子で、一人で盛り上がって過去の女性関係も平気で口にする。とくに、大学のクラブやサークルの友人が多く出席する式でよく見られる光景だ。最初のうちは客も笑っていたが、だんだん聞いているうちに会場もシラけた雰囲気になってしまった。彼は私の教え子ではないが、同席していた彼の知り合いらしい女性が、「あれじゃあ、彼女ができないのも無理ないわよね」とため息をついていた。たしかに、彼がいつまでもこのままのノリでやっていては、彼自身、好きな女性と結婚式をあげられる日はなかなかこないだろう。

《なぜモテないか》「おもしろい人」と「楽しい気分にさせてくれる人」は違う

現代は一億総タレント時代といわれており、テレビで自分の芸を披露したがる素人も多い。街頭でどこかのリポーターが番組のリポートをしているときでも、その周囲にやってきてポーズをとったり、プラカードをかかげたりする。あげくのはては、肝心のリポーターが横へ押しやられる始末だ。さすがにここまでくると、テレビの画面を見ていても不快になる。目立ちたがりというべきか、結局、彼らはそうやって自分に注目を集めることしか考えていないのである。

しかし、人を楽しませるときは時と場所をわきまえないと、知らないうちに他人を傷つけたり、不快な気分にさせてしまう。先ほどの結婚式の例がそうだ。おもしろいことをいうのに必死で、新郎新婦や、その親が、どんな気持ちになるかまで頭が回っていない。自分がウケることしか考えていない。

こんな男性はほんとうは自分に自信がないことが多い。だから、無理にでも何か人と変わったことをしなければ、自分が周囲から評価されないと思っている。その結果、人の話の腰を折ったり、人のことをチャカしたりしてしまう。こういった男性は、たしかにおもしろい人ではあるだろうが、他人の気持ちにまで注意が届いていないので、このままでは残念ながら女性が惚れる対象にはなりえない。女性が真に求めているのは、「おもしろい人」ではなく、「楽しい気分にさせてくれる人」なのである。無理して冗談をいうことと、彼女を楽しませることは違うのだ。

《対策》たいせつなことは、彼女を楽しい気分にさせること

お笑いタレントの明石家さんまさんやタモリさんは、女性に人気のある司会者とし

ても有名だ。彼らのトーク番組はほんとうにおもしろい。それは、彼らが自分のギャグばかりいうのではなく、ゲストのおもしろい体験談を引き出してくれるからだ。いうときはいうが、人の話を聞くときはきちんと耳を傾ける〝聞き上手〟に徹している。だからゲストもいっしょにいて楽しそうだし、番組全体が楽しいムードになる。また、冗談をいうときでも、進んで自分の失敗談や体験談をサカナにして笑わせてくれる。他人、とくに弱い人を傷つける形であげつらう笑いではないのだ。

たいせつなことは、彼女を笑わせることではなく、楽しい気分にさせるということだ。極端な話、彼女にとって楽しい雰囲気がつくれるなら、おもしろい話などする必要はない。彼女が聞いてほしいと思っている話をじっくり聞いてあげる、彼女が遊園地に行きたいと思っているなら、連れていってあげる。見たい映画があればいっしょに行く。無理して冗談をいわなくても、それだけで女性は楽しい気持ちになれる。

彼女にウケようと、無理しておかしいことをいう必要はない。むしろ、彼女が冗談をいったときに笑ってあげるほうが、よっぽど上手なアピール法だ。彼女だってずっと楽しい気分になれる。

10　ブランドにこだわる男は、なぜかモテない！

《実例》無理してカッコつける男は、すぐに嫌われる！

「男の魅力を引き出すブランド図鑑」「女のコが注目するクルマはこれだ」といった雑誌の特集をよく目にする。こうした情報を頭から信じ、そこで紹介されているブランド品を身につけたり、クルマを手に入れれば、それだけで女性にモテるようになると考えている楽天的な人は、まさかそれほどいないだろう。しかし、どうせ買うなら、すこしでも女性に注目されるものがいいと、多少の〝下心〟と〝期待〟を抱くのが世の男性心理の常というものだろう。

しかし、こうした期待がみごとに裏切られることは往々にしてある。ある学生は、念願のスーツを買うために、友人が遊んでいるときもせっせとアルバイトをしてお金を貯めた。親のクレジットカードでさんざん買い物をしたり、親にクルマを買ってもらって自慢したりしている甘ったれ学生にくらべれば、この学生の努力はむしろほめられるべきかもしれない。

だが、有名ブランドのスーツでさっそうと決めた彼に、〝奇跡〟は起こらなかった。サークルの女性からは「無理してカッコつけて」と冷ややかな目で見られただけだし、コンパで知り合った女性に声をかけたところ、「私、ブランド物にこだわる男性って、あまり好きじゃないの」といわれる始末だった。ようやく見つけた彼女も、彼のことを、食事をおごってくれる〝都合のいい男〟扱いで、本命とはほど遠いところにあるらしい。

《なぜモテないか》女性は、ブランド品を〝選ぶ理由〟で、男を判断する

女性は「ブランド物にこだわる男は好きじゃない」とよくいう。その一方で、自分自身は有名ブランドのバッグやスカーフにこだわったりするし、ブランド物で装った男性タレントなどを見て、「やはり、○○さんはステキね」などと嘆息をもらしたりする。いったい、女性の頭の中はどうなっているのだろうか、と考えたことがある人もいるのではないだろうか。

じつは、女性がいう「ブランド物にこだわる男」とは、正確にいうと、「ブランド

物で、一見カッコよく見えるが、軽薄で中身が貧しい男」ということだ。外見もビシッと決め、能力も人間性もそれ以上に決まっているという男性なら、女性が嫌うはずがない。それが、たんに流行だからなんとなくとか、見栄を張るため、女性にカッコよく見られたいために、などという理由でブランド品を身につける男性は、自分自身の考えや意志を持たず、周囲に流されているだけにすぎない。知的レベルもせいぜいその程度の男と女性から見られてしまうのである。

《対策》こだわる理由を持つことが、男の信念を見せる〝武器〟にもなる

服にお金をかけたり、おしゃれに気を使う男性が、それだけが原因でモテないということはない。いまあげたような男がモテない理由は、べつのところにある。

たとえば、男性のデザイナーが花柄のジャケットを着たり、奇抜な服装をしていても、そのデザイナーを軽薄だと非難する女性はいないだろう。人が選んだものを着ているのではなくて、それを着る理由があるはずだと周囲も十分に納得できるからである。

ブランド品にこだわるのなら、それ相応の理由が必要なのだ。たとえば、このメー

カーの靴は何十年もの伝統があり、履く人のことを考えてつくられているので、履き心地がほかのメーカーのものとは違うのだとか、このブランドのポリシーが自分の考え方と合っているからなど、なぜそれを選んだかということを、きちんと説明できるようにしておく。もちろん、相手から聞かれもしないうちから、こうしたことをペラペラとしゃべっては、ただの自慢話にしかならない。女性が着ているものやブランド物については、あくまでもさりげなくふれるのがポイントになる。

服に限らず、クルマでもコーヒーでも、何かこだわりを持つというのは、自分の考えや信念を持っているということである。これは、いってみれば、その男性の「頼もしさ」という〝武器〟を一つ身につけたということである。

逆にいえば、自分の魅力を磨くためにも、何か一つのことに徹底的にこだわってみるというのもいいアピールになる。たとえば、ヨーロッパの有名ブランド物など、歴史好きの人なら、そのメーカーの歴史にこだわって調べてみる。そのメーカーが社会の変動とどうかかわってきたかなど、いろいろおもしろいエピソードを発見できるかもしれない。しかも、こうして自分で発見した話は、テレビや週刊誌からの受け売りと違って、女性も喜んで聞いてくれるはずだ。

11 難しい言葉は使うな！ わかりやすい言葉だけが女心を動かす！

《実例》なぜ女子大生は、男の話に退屈をしたか？

とかく男子学生というのは、クルマの話が好きなものだ。学生が本屋で買う本にはカー雑誌が多いというから、その方面の知識は相当なものであろう。最近はクルマに興味を持つ女性も増えたのか、大学の中でも、男子学生だけでなく、女子学生もいっしょになって、そんな話をしている光景をよく見かける。

女性がクルマの話をするといっても、話の内容は、せいぜいどのクルマがカッコいいとか、色がきれいとかいった程度のことが多い。しかし男性は違う。彼女たちの前でここぞとばかりに自分の〝実力〟を見せつけたいのか、会話が進むにつれ、使う言葉をだんだん難しくする。

「エンジンなんてDOHC16バルブで、最高出力が165PSなんだよ……」

「ハンドルは軽い感じなんだけど、ステアリングレスポンスがいいって話らしい……」

と、こういった調子だ。男性がそんな〝カッコいい〟セリフを連発しだしたら、聞いている女性の頭の中は、もはやうわの空になっていると考えて間違いないだろう。はじめはあのクルマがカッコいいなどといっていた女性も、〝意味不明〟の聞きなれない言葉にうんざりして、しだいにつまらなさと退屈を感じはじめるのではないだろうか。

《なぜモテないか》女性は難しい言葉を話す男に〝ひとりよがり〟を感じる

やたらと専門用語やヨコ文字言葉を連発して女性に自分の知識をひけらかそうとする男性がいる。腕力のかわりに知識で〝男の力〟を誇示しようとするタイプだ。こういった男性は、女性が一つのことを聞いているのに、十や二十のことをとうとうとしゃべったりする。本人は得意なのかもしれないが、女性からすれば、理解できない話や、聞いてもいない話を聞かせる男性には、いっしょにいても話が通じないから、つまらなさを感じてしまう。これでは女性も彼を身近に感じることはできないだろう。

大学の試験でも、こちらが聞いていないことを答案にごちゃごちゃと書いてくる学生がいる。本人は自分がそれだけ勉強したのだということを訴えたいのだろう。いい点を取れるつもりなのだろうが、採点するほうとしては答案を読みたいとも思わない。書いてる内容がどんなに正しくても、問題の趣旨にはずれた部分については、差し引きマイナスして、かえって悪い点をつけたくなるくらいだ。それと同じで、男性がいかにすばらしい知識を披露しても、それだけで「頭がいい人」と思うほど女性は〝バカ〟ではない。せいぜい自己満足の〝ひとりよがり〟と受け止められて、辛い点数をつけられるのがオチである。

《対策》彼女と話すときはカッコをつける前に、わかりやすさを第一に心がける

自分が知っていることをアピールしたい男性は、ただの知ったかぶりとは違って、知識と知的な向上心は持っているといえるだろう。しかし、相手に対する心の姿勢に問題がある。

たとえば、彼女と二人でアメリカンフットボールの試合を見に行ったとしよう。アメフトの試合をはじめて目にする彼女がルールについて尋ねてきたとき、「アメリカンフットボールはクォーターバックがいてね、攻撃ごとにフォーメーションを指示するんだけど、とくにショットガン・フォーメーションなんていうのは、リスクもあるんだけど、試合をスリリングなものにしてくれる攻撃隊形なんだ。それでね、そのフォーメーションというのがね……」と、こんな説明をしたらどうだろうか。本人はカッコいいつもりでいっているのかもしれないが、これでは彼女に対して不親切である。

いろいろ知っていることは、それだけでアピールの〝武器〟になる。知的な面で彼女に頼もしさを感じさせたいのなら、むしろ、やさしい言葉で、わかりやすく彼女に教えることだ。

だれでも経験するだろうが、小学生や中学生のときは、親身になってやさしく教えてくれた先生のほうが、好感を持てたに違いない。男女のあいだでも同じだ。彼女が仕事で悩んでいるときなど、自分が知っている範囲で、やさしくていねいに教えてあげればいいだろう。

また、彼女が知らないことでも、「こんなこともわからないの」などといわず、彼女がわかるまで、誠意をもって説明してあげることだ。そうすれば、彼女は親しみや頼もしさをおぼえるだろう。そんな機会を積み上げていけば、言葉と言葉のコミュニケーションが、やがて心と心のコミュニケーションに変わっていくはずだ。

12
女は、イヤなことがあっても明るくふるまう男に魅力を感じる

《実例》たった"ひと言"で、他人の気分を滅入らせる営業マン

ある企業の営業部長から聞いた話だが、彼の部署には絶対に朝一番に顔を合わせたくない営業マンが一人いるそうだ。彼は、夏は「こんなに暑いと、とてもやる気がしない」といい、冬は「セールスに行っても、寒いから家のドアなんか開けてくれるはずがない」と、喫茶店で油を売って仕事をしようとしない。雨の日は気分がのらず、快晴の日はサボって遊びたくなり、春は陽気がよすぎて眠くなってしまうらしい。仕事ばかりではなく、すべてにおいて年中そんな調子なのだという。

いつも不機嫌な顔をしているものだから、女性からはあまり好かれない。同僚の男性社員たちも、ほとんど飲みに行こうと誘ったことがないらしい。はじめていっしょに外回りをした新入社員などは、「あの人といると、気が滅入ってくるんですよね」とこぼす始末だ。出かけようとする彼に、女性社員が「がんばってきてください」と

声をかけても、暗い表情で「雨になりそうだなぁ、行くだけ無駄みたいだけど」などとぼやくので、いまではだれからも声をかけられなくなってしまったそうである。

《なぜモテないか》女性はムードに流されやすいので、マイナス思考の男を敬遠する

「今日は天気が悪い」「今日は気分が悪い」……。出会うたびに、こんな言葉を口にする男性がいるものだ。すべてにおいて、悪いようにしか物事をとらえない。そんなマイナスの考えを言葉に出すことで、〝ニヒリスト〟を気取ろうとする男性までいる。

しかし、雰囲気というのは他人に伝わるものだ。大学のスポーツクラブの試合などで外野の連中がしきりに声を出し合っているのは、ムードを活気づかせ、選手の意欲を高めるのが目的だ。これはプロ野球の試合などでも同様である。

ムードがよければ元気な気分になるのだが、反対に沈んだムードの中では気分まで滅入ってしまう。もしチームの中に一人でもマイナス思考的な言葉を使う人間がいれば、自分はもちろん、他人に暗いムードを与える。そんな雰囲気を受ければ、職場ではまわりの人間も仕事をやる気がしなくなるだろうし、クラブでは練習や試合に臨む意欲が減退してしまうことだろう。

とくに女性というのは、男性よりもムードに流されやすい。そこで、暗い気分が伝染しやすいマイナスの言葉や、あきらめの言葉を口にしたがる男には近づきたくなくなるのだ。

《対策》「暑いからだるい」のではなく、「暑いからこそビールがうまい」と考えよう

たとえ雨降りの日でも、ユダヤ人は「今日は雨の降るいい天気ですね」という挨拶の仕方をするそうだ。日本人だって雨が嫌いな人ばかりではない。雨が降れば町中の緑がきれいになるし、新しいカサをさすこともできる。虹だって見えるかもしれないし、彼女と相合いガサで帰れる可能性だってあるのだ。

このようにしてマイナス要素が多い中にも、かならずプラス面を見つけることによって気分を変えることができる。ときには、人生を変えることだってできる。日ごろから「暑いからヤル気がしない」ではなく、「暑いからきっと仕事のあとのビールがうまいぞ」といった発想を心がけることがたいせつだ。イヤなことがあっても明るくふるまえる男の姿に、女性は彼の精神的な強さを感じるのだ。

いろいろ悪いことが目につく男性は、もともと感受性が豊かな人といえる。その感

受性を自分だけに集中させず、他人へも向けてやるようにしてほしい。知り合いの女性が落ち込んでいるようなとき、ほかの男性にはわからなくても、感受性の強い男性には彼女の気持ちがわかるはずだ。

落ち込んでいるとき、どんな言葉に傷つきやすく、どんな言葉や行為を求めているのか、それをいちばんよく理解しているのは、こうしたタイプの男性だ。自分がどんな言葉をかけてもらったらうれしいかを考え、自分を励ますようにして、それとなく相手を励ましてやるのである。

失恋などの相談にのってあげたことで関係の深まった男女は意外に多い。こういう男性は、いったん自分をわかってもらえれば、表面的なつき合いではなく、心からのつき合いができるものなのだ。

そういったときにプラスの言葉で励ますことで、「私の気持ちをわかって、なぐさめてくれる人」と彼女に認めてもらえるはずだ。

13 思わず彼女がおしゃべりになる、そんな会話術

《実例》「自分は」「自分が」を連発する男に、なぜ彼女は腹を立てたのか

先日、大学に来た女性編集者が、「勤めている会社や乗っているクルマと、自分の人間としての価値をごっちゃにする男って、ほんとうにイヤですねえ」と切りだした。大学のゼミ仲間との同窓会で、「今夜はとことん飲もう」と居酒屋に入ったときの話だそうだ。

大学を出て五年たち、部下を使う立場になったその女性編集者は、キャリアウーマンの女友だちと、「年下の男の子を使うのはたいへんだけど、頼りにされるのは、やっぱりうれしいものね」「そうね、ますます仕事に意欲がわいてくるわ」などといった会話をしていた。するとそこへ、学生時代から自慢話をするクセがあったある男性が、「そうそう、人に頼られるのはだいじだよ。ぼくも会社では頼ってくる人間が多くてね」と横から話に割り込んできた。彼は大学を卒業して、日本人ならだれでも知

っている大会社に入った男である。

二人は無視して会話を続けたが、「このあいだ、ＢＭＷを買ってねえ」とか、「ぼくが会員権を持っているゴルフ場は……」などと、しきりに自分のことをいいたがる。あまりうるさいので、勝ち気な女性編集者が、「私の父は○○社の専務で、ＢＭＷはないけどベンツなら二台ばかりあるわよ」と言い返した。それでも相手の男はめげずに「ふーん。でもうちの家はね……」と自分の家を自慢しはじめたのだそうだ。彼の自慢話にへきえきした彼女は、そのあと、店を替えて女友だちと飲み直したという。

《なぜモテないか》自分しか語れない男は、自分しか見えていない

会話をしていると、自慢話に限らず、やたらと「自分」の話をする男性がいる。自分がどんな会社に勤めているか、どんなクルマに乗っているか、どんな性格の人物であるかを話さずにはいられないらしい。何人かで集まって銀行の話をしているときでも、「そうそう、じつは、ぼくのおじさん、○×銀行の支店長やっていてね」と、そのときの話題をすぐに自分と関連づけたがる。とにかく話の中に何度も「自分」という言葉が出てくるのである。

こういった男性は、心理学でいう〝自我肥大〟の状態にある人だといえる。自我ばかりが異常に発達して、他人が目に入らない状態である。周囲の人や物はすべて自分の従属物であり、自我の延長としか考えられなくなっている。こういう男性は、自信満々で、すべてが自分を中心に回っているのだと考えがちだ。自己中心的だから、人の意見を聞こうとしない。

「自分」の自慢話しかしない自信過剰な男性を女性が嫌うのは、そういう男性の恋人や妻になると、彼女のことを「べつの人格を持った一人の人間」ではなく、「自分のオンナ」としか見なくなることを直感的に見抜くからだろう。

幼稚園ぐらいの子どもは、よく、「今日、幼稚園で、ぼくね……」「帰る途中でね……」と、自分の話ばかりを聞いてもらいたがるものだ。母親ならそれを黙ってうれしそうに聞いてくれるかもしれないが、大人の人間の中にあっては、そんな男性が周囲から「自分のことしか見えていない勝手な人」と思われるのも無理はないだろう。

《対策》「自分」が一つ話をしたら、「キミは?」といって相手の話を二つ聞く

心理学では、「聞き上手」ということがカウンセラーになるための第一条件だとされている。カウンセリングでは、まず黙って相手の話を「うん、うん」と聞くだけで、質問やアドバイスは後回しにする。相手の話にとことん耳を傾けていると、相手とのあいだに自然に信頼関係が生まれてくる。すると、相手はカウンセラーのアドバイスを受け入れやすくなるのである。

だれしも自分を受け入れてくれない相手に心を許したりしない。女性にはとくにその傾向が強いから、逆に自分の話を聞いてくれる人には強い好感を持つ。

自慢話で女性の心を支配しようとする男性より、黙って女性の話を聞く男性のほうが、よっぽど上手に自分をアピールできてモテる男になれるのである。

だから、「自分」をわかってもらいたいと思う男性は、カウンセラーのように「聞き上手」になる訓練を積んでみてはどうだろうか。「自分が」「オレは」といいたい気持ちをグッと抑えて、女性の話に耳を傾ける努力をするのである。自分が一つ話をしたら、相手の話を二つ聞いてあげる心構えでいればよい。自分が海外旅行の話をしたら、「キミは外国に行ったことある?」と、彼女が話すきっかけをつくってあげるのもいいだろう。

14 女性に信用される「やさしさ」、警戒される「やさしさ」

《実例》お年寄りよりも彼女を優先して、気まずい雰囲気になった若いカップル

私が見た若いカップルの話である。その若いカップルと老女の三人は、ある停車駅で電車に乗り込んできた。電車のドアが開くと、若い男性は老女のことなどはおかまいなしですばやく車内に駆け込み、一人分の空席を見つけるや、バッグを置いて確保したうえで、あとから来た女性に座らせた。電車が動き出すと、座っている女性の前で、男性と老女がつり革につかまっている格好になった。

男性は平気で目の前の彼女に話しかけていたが、女性のほうは口数も少なく、老女を前に気まずそうに座っていた。やがていたたまれなくなった彼女は黙って席を立つと、男性の横に並んだ。空席がひとつできたので、近くにいた老女はペコリと頭を下げて、空いた席に座った。男性のほうは、せっかく取ってあげた席を彼女が立ってしまったことに不満をおぼえた様子だったが、何もいわず、沈黙のまま彼女と並んで立

ち続けていた。

《なぜモテないか》女性は、他人への冷たさが自分に向けられることを警戒する

どんな男性が好きかと質問をすると、たいていの女性は、まず一番めに「やさしい人」と答える。この「やさしさ」を好きな男性の条件にあげる女性は、つぎの二つのタイプに分類することができるだろう。「自分だけでなく、すべての人に対してのやさしさ」を望む女性と、「自分にだけのやさしさ」を望む女性である。後者は、男性は好きな女性に対してはかならずやさしくなるものだということに気づいていないか、気づこうとしない鈍感な女性だといえるだろうが、いずれにしても、そんな彼女は、愛されることによって望むものを手に入れることができる。そして、結婚すれば、人を押しのけて自分の子どもを電車の席に座らせる母親になるだろう。

もし、後者のタイプの女性だけに好かれたいと思っているのなら、他人に対して親切になる必要はない。好きな彼女にだけやさしくすればいい。しかし、前者のタイプに好かれるチャンスは永久になくなることは覚悟したほうがいい。

前者のタイプの女性が自分に対してだけやさしい男性を嫌うのには、いろいろな理

由がある。

「下心が見えるからイヤ」という女性もいるだろうし、「結局、利己的なだけじゃないのよ」と反発する女性もいるだろう。「なにかあれば、手のひらを返すように自分にも冷たくなるんじゃないか」という警戒心を持つ女性もいるはずだ。

こういう男性は、いわゆる「釣った魚にエサはやらない」という男性である可能性も高い。そんな男性を心から信頼することができないと女性は思っているわけだ。見ず知らずの他人に対してもやさしい男性は、自分に対してもずっとやさしい人間でいるだろうと想像できるが、自分にだけやさしさを示す男性にはそれができないのだ。

《対策》〝やさしさのノーイング・サークル〟をつくってみよう

好きな女性に対しては、どんな冷酷な人間でも自然にやさしくふるまえるものである。問題は、それ以外の他人に対するやさしさである。好きな女性の前で付け焼き刃的に他人に親切にしてみせても、すぐにボロが出てしまうに違いない。また、ふだんからやさしくすることに慣れていなければ、彼女に対してやさしさを示そうとしても、先ほどの電車の中の若い男性のように、彼女の気持ちを考えない、一方的な〝やさしさ〟にもなりかねない。

やさしさや親切心というのは、生まれながらに、その〝量〟が決まっているわけではない。要は、本人が持とうという気持ちがあるかないかだ。日ごろからの心がけ、つまり訓練次第でいくらでも身につけることができるのである。

人間というのは、認識して行動し、行動することによって認識を変えていく。これを繰り返すことで成長していくのだ。これを心理学の言葉で「ノーイング・サークル（知識の輪）」というが、日常生活の中で〝やさしさのノーイング・サークル〟をつくってやればいい。

たとえば、小さな子どもやお年寄りや困っている人を見たら、積極的に手を貸してあげる。人から相談を受けたら、めんどうくさがらずに話を聞いてあげて、自分ができる最善の助力をする。好きな彼女の前でなくても、ふだんから親切を心がけるのである。

そういう行動を積み重ねていけば、認識も変わっていく。〝分けへだてない〟やさしさを身につけることができるし、どうすれば人が喜ぶかもわかってくる。女性から、「この人はほんとうにやさしい人なのね」と信頼される男性になれるのである。

15 五万円の指輪より、千円のハンカチのほうが女は気楽に受け取れる

《実例》贈り物は、高価なものほど喜ばれるとは限らない

ある男性が、一人の女性を好きになった。彼が好意を抱いたのは、同じ職場の同期の女性である。彼女とはしょっちゅう顔を合わせるし、同期の仲間といっしょに酒を飲むことも多かった。そんな日が続き、彼女への思いが抑えられなくなった彼は、思いきって「今度の日曜、映画に行かない?」と誘ってみた。すると彼女はあっさり「いいわよ」とオーケーしてくれたという。

喜んだ彼は、綿密にスケジュールを立てて初デートに臨んだらしい。喫茶店で待ち合わせ、映画を見て、公園を散歩し、食事と、〝フルコース〟のデートである。食事後、「疲れてるし、二人とも明日は仕事があるんだから、今日はもう帰りましょう」と渋る彼女を、カウンターバーに連れて行った。

そこからが、彼の〝勝負どころ〟だったのだろう。喜んでもらおうと用意した、五

万円もする指輪が入った箱をポケットから取り出して、彼女に渡そうとした。中を開けてみた彼女は、困ったような顔をして、挨拶もそこそこに帰ってしまった。それ以来、彼女は会社で彼に対してよそよそしくなってしまったそうだ。

《なぜモテないか》女性は、突然の高価な贈り物に、負担と無神経さを感じる

知人に、上司にマツタケを贈って怒られた男性がいる。彼はいつもお世話になっているからと、田舎の実家で採れたマツタケを贈ったまでで、最初はなぜ怒られたのかわからなかったという。その上司が珍しくマツタケを嫌いなのにもかかわらず、平気で贈ったのも理由のひとつだったが、ほかにもっと大きな理由があった。

上司にすれば、部下の無神経さが気になったのである。自分はまだしも、もし、ほかのあまり親しくない人に部下がマツタケを贈ったら、その人はどんな下心で贈られたのかと疑念を抱くかもしれない。受け取る限り、それ相応の〝高価な〟お返しをしなくてはならないと、贈られた人にとって大きなプレッシャーとなる。マツタケが部下の純粋な善意からのものにしても、この善意をあまり親しくない人にまで乱発すると、あらぬ下心を疑われかねないと部下を心配しての叱責だったのである。

女性にプレゼントを贈るときも、このマツタケの話と同じである。「彼女のためを思ってやっているんだから」と男性の側で考えていたとしても、それがほんとうに「彼女のため」になっているのかどうかはわからない。相手の気持ちを考えずに、自分の価値判断だけで贈ってはいないだろうか。高価なものを贈れば喜ぶほど、女性の心理は単純ではないのだ。

逆に、女性から贈られたときのことを考えてほしい。異性からプレゼントされたら、それにはどんな〝意味〟が込められているのか判断に迷うことが少なくないだろう。恋愛感情もまだない一回めか、二回めのデートで高価なプレゼントをされたら、女性はその〝意味〟をどう解釈していいのか混乱してしまう。〝意味〟の重さが心の負担になるため、相手の男性を遠ざけたいという心理が働く。女性に喜んでもらおうと、いきなり高価なプレゼントをする男性は、相手がどのように感じるかということに対して、あまりにも〝無神経〟なのである。

《対策》自分の気持ちだけでなく、彼女がどう感じるかを考える

無神経といっても、気が弱くなった男性が多くなったいま、堂々と贈り物で自分を

アピールする男性は、情熱的で、積極的に女性に働きかけるパワーを持っている男性であるといえる。また、自分なりの考え方や価値基準を持っているのも、長所といえるだろう。
　そういった長所を生かしながら、ひとりよがりなところを直していけばいい。つまり、相手の感情を察する神経の細やかさを身につければいいのである。そうすれば、彼女に対する熱心さもカラ回りすることはなくなるだろう。
　デートのときは、自分が楽しむことだけでなく、相手の女性がどう感じているのかを、常に注意するようにする。ものを贈るときでも、相手がどのように受け止めるかを慎重に考えて、贈るタイミングや、贈るものを選ぶようにする。

作家の吉行淳之介氏は『恋愛論』という本に、「贈り物は安物を贈るな」と書いている。これは、なにも「高価なものを贈れ」という意味ではない。同じ千円でも、スカーフなら安物だが、ハンカチなら安物ではなくなるということだ。つき合いだす前や、つき合いだしたばかりのうちは、しゃれた千円のハンカチを贈ったほうが、いきなり五万円の指輪よりはるかに喜んで受け取ってもらえる。

16 他人のいい所をホメるようにすると、自分の周りの印象もよくなる！

《実例》わが身を〝滅ぼす〟ホラ話の逆効果

いわゆる〝ホラ吹き〟にも二種類いる。そのホラによって、まわりが笑い転げてしまうようなスケールの大きなホラをいう人と、いかに自分がすごい人間かを見せるためだけの、スケールの小さいホラしかいえない人だ。

だれがつくったのかは知らないが、有名なホラ話に、こんなものがある。北海道のとある村では、ちょっと変わった〝カモ猟〟をしているというのだ。その村には、カモが何万羽と水面を泳ぎ回っている。秋も終わりになると、夜半に急に冷え込むため、一夜にして水面に氷が張ってしまうことがあり、村の人たちはその日を待っている。翌朝になると、足を水面下に入れたまま動けなくなったカモが何万羽も湖に張りついている。そこを、村人たちはカマでもって、足のつけ根を稲刈りでもするように切って〝収穫〟するのだ。こんどは収穫後、春まで待つという。切り取られた何万本の足の切り口から、いっせいに〝芽〟が生えてくる。これをまた切ると〝カモメ猟〟ができるという、たわいもないバカ話だ。

こうしたスケールの大きなホラは、〝いかにも現実にありそうな話〟で始まり、〝そんな話、バカバカしくて、ありっこない〟というオチで終わる、虚と実のバランスのうえに成り立っており、そこにおもしろさがある。しかし、スケールの小さなホラ話になると、そうではない。聞く人にとっては、ウソの〝自慢話〟でしかない。

たとえば、これは私のゼミの卒業生で、ある商社に勤めている女性から聞いた話だが、同じ課で席が隣り合わせの三十一歳になるある男性は、仕事がヒマになると、彼女に「ねえ、知ってる」などと話しかけてくるそうだ。その内容は、○○課にいるB子は昔、オレとちょっとつき合っていただの、大学生のころ同棲していた女性は、いま、ちょっと有名になっているファッションデザイナーの○○だ、などというものらしい。

はじめのうちは、彼女も興味を持って聞いていたが、その話を先輩の女性社員に話したところ、大笑いされた。「アイツは新人の女性にはかならず同じ話をするのよ」ということで、彼女はひどくバカにされたような気になったという。それ以後、疑いのまなざしで彼の話を聞いていると、どうも話のつじつまが合わなかったり、前の話が変わっていたりする。しかし、そんな矛盾点を問いつめてやろうなどという気さえ、いまはバカバカしくて起こらないという。

《なぜモテないか》過去を〝美化〟する男性には、自信のなさが見え隠れする

自分の過去の自慢話をしゃべりたがる男がいる。こうした男の話は、だれにもわからないだろうと思って、ありもしないことを、さもあったようにいったり、たとえば一度、喫茶店に行ったことがあるだけの女性を、「つき合ったオンナ」のようにいう〝ホラ〟まがいの話が多い。こうした〝ホラ話〟ばかりしゃべりたがる男について考えてみると、その原因は自分に自信がないから、ということに行きつく。これは、過去にほんとうにモテたかどうかとはあまり関係がない。昔モテたことがあっても、それを現在の自分の自信のなさや劣等感をカバーするために持ち出しているわけで、ウソをついてモテたというのと、心情的には変わらない。

女性に限らず、人はこの手の〝吹聴癖〟のある人間を、虚勢を張っただけの自信のなさとして見てしまう。さらに、過去の女の話を持ち出してくる男性に対しては、女

性はまず心を開かない。こうした話を聞かされることで、もし彼とつき合ったら、きっと私のことを、あることないこと、ほかの人たちにいいふらすのではないか、という強い不安が生じるからだ。

《対策》人のいい所をホメると、自分もどこかでホメられる

およそ自慢話というのは、本人の口から語られると、マイナス効果しか生まれないことが少なくない。

それでもなんとか他人に自分のよさをわかってもらいたいのなら、そうした自慢話を、ほかの人の口からいってもらうことだ。第三者の口からいわれた話なら、同じ内容でも、がぜん説得力と客観性が増す。

そのためには、友人に、気のある女性に対して、それとなく自分をホメてくれるように頼むのも一法だが、そんなことをわざわざしなくても、ふだん、人のいい所を自分がホメるようにしていると、自然に自分もどこかでホメられるものだ。ホメられて悪い気がする人はいない。人からホメられたときは、その人のことをこんどはだれかにアピールしてやろうというのは、ごく自然な感情であるからだ。

17

服装でも趣味でも、新しいものにチャレンジしてみる

《実例》いっしょにいて恥ずかしくなる〝進歩〟のない男

以前、黒や白のモノトーンが流行色になったことがあるが、それ以来、黒にかぶれた学生がいた。黒のセーターに黒のズボン、コートも黒系統にまとめる。おまけに部屋の中も、黒のオーディオセット、冷蔵庫で統一する。彼は、女性の前では「黒は孤高の色だからね」などと自慢していたらしいが、まわりはそれほど彼に黒が似合うとは思っていなかった。

二年後、流行色も明るい調子に変わってしばらくしてのことである。黒服の彼のウワサが私の耳にも届いた。「あの人ったら、まだ黒にこだわっていて、ぜんぜん進歩がないのよ」と、すっかり女性たちの笑いの対象になってしまっていた。クラスメートが、「顔が清潔な感じなんだから、もっと明るい色のほうがイメージに合うのに」とか、「茶系の服がいいんじゃない」といっても、本人はかたくなに黒い服を着てい

る。女性のあいだでは、いっしょにいると、こっちまで恥ずかしくなってしまうとまでいわれるようになってしまった。

《なぜモテないか》女性は、自分の新しいイメージを追求できない男に〝弱さ〟を見る

ある作家が、こんなことをいっていた。作家はときどき、いままでのスタイル、作風を捨てて、まったく新しいモノに挑戦しないと、読者にソッポを向かれるというのだ。いままで築き上げてきた自分のイメージにこだわっていると、自分の狭い世界に閉じこもった内容となり、読者からするとアナクロなものに映りやすい。新しいスタイルを手掛けてみることで、自分の新しい魅力をつくりあげ、より読者の支持を得ることにつながる。〝孤高の作家〟を気取るのもたいせつかもしれないが、それだけでは読者から捨てられてしまうという。

女性にモテようと思うときも、作家が読者を相手にするときと同じことがいえるだろう。自分で描いた自分のイメージにこだわっていては、女性からいつかはソッポを向かれる。自分で描いた自分のイメージなど、自分にとってはいいイメージかもしれないが、女性にとっていいイメージとは限らない。最初はいいイメージでも、自分の

狭い世界にこだわる姿が、女性にとっては窮屈に思えてくることもあるだろう。

そういう意味からすれば、自分の服のスタイルをかたくなに変えようとしない男性は、自分の内面を変えようとしない窮屈な人間に見えるだろう。悪くいえば、自分のライフスタイルや考え方を絶対に変えたいと思わない保守的な人間である。

服装を変えることで、自分で築き上げたセルフ・イメージが崩れると信じている弱い人間だといってもいい。そのような融通のなさや保守性、精神的な弱さに女性は無意識に気づき、遠ざかろうとするのである。

《対策》服装のイメージ・チェンジは、新しい自分の発見にもなる

テレビを半年も注意して見ているとおわかりいただけると思うが、俳優もしばしば自分のイメージ・チェンジに取り組んでいる。二枚目俳優がコメディーに登場してみたり、薄幸の美女を演じさせたら右に出る者がいないという女優が、とんでもない悪女役に挑戦したり、なんとかこれまでのイメージから脱皮しようと努力している。うまく自分のイメージの枠を広げていく俳優ほど、大スターの座が約束されているといっていいだろう。

自分を窮屈に見せている保守性や頑固さを捨てるには、これらの役者のように、新しい境地に挑戦してみるといいだろう。そうすることで、自分が好きな女性にとっての〝スター〟になれる。たとえば、いままで読んだことがないジャンルの本を読むのでもいいいし、テニスや登山、なんでもいいから新しい趣味にとびついてみる。自分のセルフ・イメージを壊してしまうのだ。

手っ取り早いのは、まず、着るものを変えてみることだ。人が「似合う」というものは、失敗を恐れずにどんどん着てみる。いろいろな色にもチャレンジしてみる。着るものを変えれば、「この人は変わったな。何かあったのかしら」と女性に新鮮な目で見直してもらえるだろう。それまでモテない男にしていた、女性とのあいだの〝壁〟を一つ取り壊すことができるはずだ。

また、どうせ服装を変えるなら、いっそのこと、女性に選んでもらうのも一法だろう。それなら、たとえいままでとガラリと変わった服を着ることになったとしても、女性が自分に対して「似合う」と思っているイメージに合うように選んでくれたものだから、抵抗なく着ることができるはずである。女性の視点から見た〝アピール法〟を学ぶ絶好の機会となるだろう。

4章

「一緒にいてドキドキするような時間」を演出する！

18 口下手な人でも使える〝彼女攻略法〟

《実例》 気まずい沈黙を生み出す〝ムッツリ男〟

ある食品メーカーの研究所に勤めている私の後輩は、とにかく無口で、人とあまり話をしなくてもすむと思ったから研究所に就職したほどだ。恋人がいるのかどうか、彼が話さないからわからないが、あの調子ではいなかったのだろう。

案の定、心配した両親が、お見合いの場を設けたのだが、やはりいつもながらの〝マイ・ペース〟で、当然ながら二人きりになっても話がほとんどはずまない。近くの植物園を散歩しても、ほとんど会話が生まれない。最後に入った喫茶店でも、彼はどう話を切り出していいかもわからず、まったく話をせずに黙ってしまったそうだ。

後日、両親が彼に「ダメになったわけじゃないから、一度、電話をかけてみたら……」といっても、彼は「もう話すことなんかない」と落ち込んだままである。そうこうするうちに、相手の女性はべつの縁談が決まったという連絡があったそうだ。彼は私に、「なんとかしなくてはと思うのだけど、何も話せない。ムッツリした男なんて、女性からはうっとうしい人間としか思われないのでしょうね」と自嘲気味に語っていた。

《なぜモテないか》コミュニケーションがあってこそ、好き、嫌いの感情も生まれる

以前、〝男は黙って勝負する〟という言葉がはやったが、実際にこの言葉どおりにやっていてはモテる男にはなれない。〝黙って勝負〟をしてもだいじょうぶなのは、ある程度親しくなり、沈黙していても相手が何を考えているかがわかる状態になってからだ。ほとんど見知らぬ同士が、最初から沈黙していて相手のことが何もわからない状態では〝勝負〟にならない。女性にすれば、好き嫌い以前の問題である。変愛も、ほかの仕事や人間関係と同じように、相手とのコミュニケーションによって成り立つものだから、黙っていては何も始まらない。

ただ、ここでたいせつなのは、コミュニケーションは一方的に相手に仕掛けるものではないということだ。双方によるコミュニケーションをしたいという気持ちがあってはじめて気持ちも通じ合える。さきほどの彼は、あまりに自分からのコミュニケー

ションばかりを意識して、うまくしゃべろう、自分で会話をリードしなければ、と思い込んでしまったために、逆に何もできなかったのではないだろうか。

《対策》自分が口下手なら、相手の話を聞いてあげればいい

プロボクシングで、〝キンシャサの奇跡〟といわれたモハメド・アリ対ジョージ・フォアマンの一戦をご存じだろうか。この一戦は、戦前、衰えたアリのパンチでは猛打のフォアマンを倒せないだろうと予想されていたが、結果はアリのKO勝ちとなった。このときのアリの勝因といえば、フォアマンに対して、はじめからパンチ合戦を挑むのではなく、自らはほとんど手を出さず、フォアマンに打たせるだけ打たせて疲れを待ったことにあるといわれる。

恋愛でも、このテクニックは有効だ。攻撃、つまり、話すだけがモテるための方法ではない。相手の話を聞くことも、相手の関心を得る重要な方法なのである。とくに口下手な男性ほど、〝聞き上手〟になれる要素を持っている。女性は、自分の話を聞いてくれる男性からは、その男の誠実さを実感する。自分の気持ちをつかんでくれていると手ごたえを感じるのだ。

また、口下手な男性の中には、女性との会話に慣れていないため、という人も少なくない。女性に自分をよく見せようとするから緊張し、かえって何も話せなくなってしまうのだ。自分で話題づくりをすることだけが女性を喜ばせる方法ではない。そこで無理に自分の不得手なことをするよりも、たとえば、最初のデートには、映画に行ったり、テニス、ボウリングをするなど、それほど話をしなくてもすむコースをつくってみるのも一法である。そのうち、映画やスポーツなど共通の話題ができるから、やがて自然に話が盛り上がってくるはずだ。

それでも会話に行きづまったら、とりあえず場所を移動してみるだけでもいいだろう。

ある女性は、初めてのデートのとき、公園を歩いたり、通りを散歩したりと、女性とのデートに慣れていない彼に、延々五時間も引きずり回されたことがあるという。はじめのうちはお互いにほとんど何も話さず歩いていたのだが、いろいろ変わる景色を見ているうちに、それがきっかけとなって会話も生まれてくるようになったそうだ。

黙って緊張した状態でじっとしているよりも、その場の雰囲気を変えてみるだけでも、彼女の気持ちをつかむきっかけが見つかりやすくなるはずだ。

19

「髪型が変わったね」のひと言で、女はほめられたという喜びを感じる

《実例》きまじめな男性より、外見をほめてくれる男性を選んだ彼女

ある男子学生の話だが、彼はじつにきまじめというか、誠実を絵に描いたようなタイプの学生だった。女性とつき合うときも、きちんと将来のことまで考えてつき合う。浮わついたところがなく、最近の学生には珍しい、堅実な男性である。ところが、しばらくして会ってみると、いやに元気がない。どうしたのかとたずねると、つき合っていた彼女にふられたのだという。しかも、その彼女がいまつき合っているのが、彼いわく、「女性に見えすいたおせじばかりいうような、チャラチャラした男」なのだそうだ。

「僕は女性の心理がわからなくなりました。服装やアクセサリー、髪型なんてどうでもいいじゃありませんか。そんなところが好きでつき合っていたわけじゃないんです。彼女の人間性が好きでつき合っていたのに、結局、あれこれ外見をほめるような男を

選んでしまったんですよ。女性にとっては、中身を理解してもらうより、外見のほうが重要なんですか？」

その学生は、真剣な目で訴えつづけた。

《なぜモテないか》女性は、外見の変化に対する無関心を、自分への無関心と受け止める

日本人は自分の女房をほめるのが苦手だが、アメリカ人はとにかくワイフをほめる。アメリカからやってきた心理学者の家に招かれたときも、見ている私のほうが気恥ずかしくなるほど、彼は奥さんとベッタリだった。そして、はばかることなく、「今日のキミはほんとうにきれいだよ。いつもの髪型もいいけど、今夜のその髪型は、キミの美しさをグンと強調しているね」などとささやきながら、楽しそうに肩を抱き寄せたりする。奥さんのほうも、「なにをいまさらバカなことといっているの」と手を払いのけたりせず、「ありがとう」とお礼のキスをするのである。こういうやりとりを見ていると、こうしたアメリカの男性たちとは違って、日本の男性がいかに女性の心理を理解していないかということを痛感する。

女性というのは、いつも男性から注目されていたいという気持ちがある。デートの

とき、いつもと違う服装をしてきたり、イヤリングをしたりするのは、相手に見てもらいたいという心理が働いているからだろう。にもかかわらず、相手がそういう変化になんの反応も示さなかったら、やはりガッカリするのは当然である。「この人は私に興味がないのかしら」「きっと好きでも嫌いでもないんだわ」とさえ思うに違いない。服装やアクセサリー、髪型というのは、いわば女性のもう一つの言葉なのだ。語りかけなのである。

たぶん、その学生も、彼女の服装や髪型に無関心だったわけではあるまい。今日の服装はかわいいなと思ったこともあるだろう。しかし、結局、彼はそれを口に出さなかった。彼にしてみたら、軽々しく外見をほめるのは女性に対して失礼なことで、調子のいいヤツと、軽く見られると思えたのかもしれない。口に出さなくてもわかってくれるはずだ、という気持ちもあったのかもしれない。けれども、これは男性の勝手な思い込みであろう。男性は、女性の服装や化粧などの変化から〝心の言葉〟を聞くこともできるが、女性のほうは口から出た言葉でしか相手の心を推し量ることはできないのである。いくら心の中で思っていても、それを口に出さなければ、相手に自分の気持ちは伝わらないものなのだ。

《対策》小さな変化を指摘することで、彼女の気持ちがつかめる

彼女の変化を見つけたら、照れたりしないで、口に出して彼女に伝えてみることだ。「あれ、今日のは、この前つけていたイヤリングと違うね」というひと言が、彼女に「この人は、いつも私のことを見ていてくれているんだ」と感じさせる。

服装や髪型ばかりではなく、「毎日、お茶をありがとう」「今日はいつもより朝が早いんだね」といった言葉も、相手への関心度を示してくれるに違いない。ただし、「いつもは散らかっているのに、今日は机がきれいだね、どうしたんだい」などという言い方では、ほめているつもりでも、女性にはイヤミにしか聞こえず、逆効果になってしまうので気をつけたい。

また、彼女に関係のあることなら、彼女自身に対してでなくても、ほめる言葉は十分に効果的だ。たとえば、彼女の両親に会ったことがあるなら、「キミのお父さんて、頼りがいのありそうな人だね」とか、「キミのお母さんて、やさしそうで好きだな」とかいってみる。それだけのことでも、彼女の気持ちをしっかりとつかむことができるはずだ。

20 アドバイスするなら「～はダメ」ではなく、「～のほうがいい」という

《実例》口うるさい〝小姑社員〟は、ハンサムでも嫌われる

大手企業の人事部長をしている友人が、こんなことをこぼしていた。彼の会社に、なかなか二枚目で、仕事もできる若い男性社員がいるそうだ。だれが見ても女の子にモテそうなイイ男なのだが、これがまったくモテない。モテないどころか、むしろ嫌われているというのだ。よくよく話を聞いてみると、彼は新しく入社した女の子にきちんと仕事を教えようと、こと細かな注意をするらしい。その注意の仕方というのが、「キミのコピーの取り方は雑なんだよ。これじゃ資料として提出できないじゃないか」「社外からのお客さまにそんな挨拶の仕方をしたら、会社のイメージがムチャクチャになってしまうだろ」「イヤなんだなぁ、仕事中にそうやって化粧直しをする女性は」と、口うるさい〝小姑〟のように、相手を頭ごなしに批判するやり方なのだという。

ほとんどの女性社員が、入社して数カ月は彼の前で頬を赤らめるが、やがて頬を赤らめるどころか、口をとがらせ、なかには悔しさのあまり泣き出してしまう女性社員もいるのだそうだ。「だれもいないところで注意するならいいんだけど、ほかの社員がいるところで平気で叱るものだから、よけい反感を買ってしまうんだな」と、友人は頭をかかえていた。当然のことながら、忘年会の席でも女性社員は彼のそばへ寄りつこうとしない。いくらハンサムで仕事熱心な男性も、これではモテるはずがないだろう。

《なぜモテないか》「〜はダメ」という女性への注意は、女性を見下した印象を与える

「他人に甘く、自分に厳しい」男性が少なくなり、最近は「自分に甘く、他人に厳しい」男性が増えてきたようだ。男女平等の世の中にもかかわらず、まだまだ「女性は……」というオジサンじみた言い方をする若者も少なくない。相手に要求するばかりでは、「それじゃ、あなたは完璧なの?」と言い返したくなるのも当たり前だ。

相手に注意や意見をするのは、べつに悪いことでもなんでもないが、それが頭ごなしの言い方だと、たとえ正論であったとしても、いわれるほうは自分の全人格が否定されているような気になってしまう。「～はダメ」「～がイヤだ」といった否定的な指摘は、相手と同等の立場ではなく、一段高いところから見下した印象を与える。じつは女性はこうした権威的な態度、高慢な考え方を敏感に感じ取っているのだ。たとえ相手のことを思って欠点を指摘したつもりでも、これでは好かれるはずがない。それが自分に対してではなく、ほかの女性に向けられるところを見てしまったときも同じだ。ほんとうはその男性のことが好きだったとしても、その言葉のウラに、傲慢さ、身勝手さを見抜いてイヤになってしまうだろう。いずれはその言葉が自分にも向けられるのではないかと感じ取ってしまうからだ。

《対策》欠点を指摘するより、〝いいところ〟を先にホメてあげる

いまの教育は、「叱るよりホメろ」が基本である。これは、児童心理学の応用によるものだ。母親から、毎日のように「勉強しなさい」「あなたはどうして算数ができないの」「こんな簡単な問題もできないんじゃ、バカと同じね」などといわれた子どもは、叱られたことでしだいにやる気を失ってしまい、「どうせ自分はバカだから、勉強なんてしてもしなくても同じだ」と思うようになり、今度は親の欠点ばかりに目

が向くようになる。

男女の関係も同じだ。だれだって、けなされるよりホメられたい。「そんな髪型は似合わないからやめろ」ではなく、「その髪型もいいけど、ぼくはいつもの髪型のほうがすてきだと思うな」という言い方をしたほうが、彼女も素直にうなずくはずだ。くだんの二枚目君も、「毎日ごくろうさん。コピーを取るのも大変だよね。ぼくも入社当時はやり方がわからなかったんだけど、先輩に教えてもらって、ようやくコツがわかったんだ。コピーを取るときはね……」とさりげなくアドバイスしたら、きっと社内でも社外でも、女性からモテモテだったに違いない。

ネガティブな欠点の指摘は、ともすれば相手の人格そのものを否定することになりがちだ。欠点を見抜く注意力があるなら、まずは、女性のプラス面だけを意識して見るようにする。そうして見えてきたいい点をホメながら、禁止や自分の考えの押しつけではなく、アドバイスというポジティブな形で指摘をすることがたいせつである。どんな人間でも、かならず欠点、ミスはある。それを許したうえで、さらにお互いに足りないところを埋め合っていこうというのが、仕事にも恋愛にも通じ合っている基本といえるだろう。

21 ちょっとした気の使い方が、女心を惹きつける

《実例》「親切な人」が、なぜ「無神経男」に変わったのか

アニメ界というより、日本の映画界を代表する監督といっていい、宮崎駿氏の『魔女の宅急便』という作品に、こんなシーンがある。

都会に出て魔女の修業をしている主人公の女の子が、雨の中を飛行したため、熱を出して寝込んでしまう。翌日、主人公に思いを寄せる男の子が、女の子が下宿しているパン屋を訪ねるのだが、「会いたいっていってるんだけど」というパン屋のおかみさんの言葉に対し、ベッドの中の主人公は「いや！」と小さな声で答えて、毛布で顔を隠すのである。おかみさんは、その様子を見て、笑いながら「そういうと思った」という。

アニメだから主人公が魔女というファンタジックな設定になっているが、宮崎氏は、都会で自立しようとけなげに生きる女性の姿を、この作品では描きたかったのだそう

だ。たしかに、このシーンなど、お見舞いはうれしいけれど、病気のときのやつれた顔を男性には見せたくないという、若い女性の微妙な心理がよく描かれている。

しかし、こうした女性心理を理解しようとしない男性が実際には多いらしい。あるOLから聞いた話だが、彼女の体調が悪いとき、目ざとくそれを見つけた男性社員がいた。「どうしたの？ 顔色が悪いんじゃない」と声をかけてくれたときは、よく気のつくやさしい人だと、彼女もありがたく思ったそうだ。しかし、そのあとが悪かった。彼女が「大丈夫ですから」といっているのに、「早退したほうがいいんじゃないか」「僕から課長にいってあげようか」などと繰り返す。周囲の人まで「大丈夫かい」と言い出すに至って彼女は、このおせっかい男を恨んだという。

《なぜモテないか》度が過ぎた親切は、よけいなおせっかいと同じ

この男に限らず、親切というよりも、おせっかいであるために女性に嫌われる男がいる。ドライブ中に「トイレはだいじょうぶ？」などと女性に聞くような男もそうだ。病気でやつれた姿やトイレのことなどは、女性はできればそっと隠しておきたいと考えている。それをあからさまにするのは、たとえ相手のことを気づかっていても、女

性にとってはおせっかいより、タチが悪いものとして受け止められるのである。

それは、当人は親切のつもりでいても、やることが一方的な働きかけであって、相手の意志を尊重していないからだ。たとえば、自分が使っている漢方薬を「よく効きますよ」とすすめるのは親切だが、わざわざ買ってきて「これを飲みなさい」というのはよけいなおせっかいになる。つまり、他人の自由意志を尊重するか、踏みにじろうとするかが、親切とおせっかいの分かれ目になるということである。

また、相手が気にしていることを指摘することがおせっかいになるのも、いわれた相手がどういう気持ちになるか、ということを考えていない自己アピールだからである。だからこそ、「無神経な人」と女性から嫌われることになるのだ。

《対策》女性に接するときは、「親しき中にも礼儀あり」を忘れない

おせっかいなヤツと女性に見られがちな人は、自分の意見を他人に押しつけていないか、一度考えてみる必要があるだろう。自分が正しいと考えることでも、相手にとってはいつも正しいとは限らないのだ。同僚のOLの体調が悪そうなら、「大丈夫?」と、ひと言やさしく声をかければ、こちらの気持ちは十分に伝わるのだから、そのあと彼女がどういう行動をとるかは、彼女自身の判断にまかせればいい。

もう一つ、「親しき中にも礼儀あり」ということをいつも忘れないようにすることもだいじだ。夫婦ゲンカで、「給料が安い」と夫をなじって殴り殺されてしまった妻だっているのである。夫婦の間柄でも、超えてはならない礼儀の一線があるというわけだ。礼儀というのは、相手の気持ちを尊重するということである。相手がふれられたくないことは話さないようにするのが礼儀である。女性が入院したときは、事前に了解を得てから見舞いに行くというのも、また礼儀である。

おせっかいな男性は、相手をよく観察する能力に長けているし、困っている人を助けたいという気持ちが人一倍強い人間だといえる。だからこの礼儀を忘れないようにすれば、もっと上手に彼女の気持ちをつかめるはずだ。

22 相手が関心を持っていることにどれだけついていける？

《実例》話しかけたいのに、どうしても話題が見つからない男

私の知り合いに、女性が苦手という男性がいる。彼はまだ二十五歳と若く、容姿はまあまあ、性格も暗いということはないし、自分自身にコンプレックスを持っているわけではなかった。女性にモテるということはないが、毛嫌いされるというタイプでもない。その彼が女性を苦手とする理由は、若い女性とはとにかく何を話していいかわからないというのである。中学、高校とエスカレーター式の私立男子校に通い、国立大学の工学部に入学した彼は、女性と接する機会がほとんどなかった。若い女性がどんなことに興味を持ち、どんなことを考えているのか、まったくわからない。わからないから、いったい、どんなことを話題にしていいのかも見当がつかないらしい。

そんな彼が、気にしていた新入女性社員のT子と二人だけで残業するという機会があった。T子も先輩の男性社員に自分から話しかけるような活発さはなかった。あま

り広くないオフィスは静かなままだ。彼は何か話さなければと思うが、話題が見つからない。最近見た映画のことを思い出して、唐突に「あの映画、見た？」と聞くが、「見てません」のひと言で終わり。会話が続かないため、前よりかえって気まずくなってしまった。そうこうするうちに、仕事を終えた彼女が「お先に失礼します」と帰ってしまった。「オレはダメな男だなあ」と、彼はつくづく自分が情けなくなったらしい。

《なぜモテないか》相手のことをよく知らなければ、楽しい会話は生まれてこない

某作家にインタビューに行って、その作家の小説を一つも読んでいないことがすぐにばれて、「失礼な」と追い返された週刊誌の記者がいるそうだ。逆に、長寿番組「徹子の部屋」の司会者の黒柳徹子さんは、すこしでも番組をおもしろくしようと、収録前にはかならずゲストのことをよく調べるという。

これらの例が示すのは、会話を盛り上げようと思ったら、相手についての事前調査を徹底的にするのがだいじであるということだ。商談でも、取引先に気に入ってもらおうと思ったら、趣味やお気に入りの店など、相手についての情報を事前に必死でか

き集めるだろう。

したがって、女性と上手に会話することができない、会話を盛り上げることができないとすれば、それは、女性一般や特定の女の子が、どんなことに興味を持ち、どんなことを考えているかについての事前調査が足りないからだといえる。「敵を知り己を知れば百戦危うからず」というが、好きな女性を勝ち取るにも、女性を知ることはたいせつなのだ。

《対策》「興味がない」などといわず、女性のフィールドに足を踏み入れてみる

長野県知事として話題になった田中康夫氏は、学生時代は徹底的にモテなくて真剣に悩んだそうだ。悩みに悩んだ田中氏は、若者向け雑誌や女性誌を片っぱしから読み、流行のファッションや店の研究をした。その知識をもとに書いた『なんとなくクリスタル』が大ベストセラーになり、一躍有名人になったことはどなたもご存じだろう。

最新のセンスを身につけて、プレイボーイ的なモテ男になろうというのはこの本の趣旨ではないが、田中氏の方法は大いに参考になる。女性とうまく会話できないというなら、女性に人気のある雑誌を読んだり、テレビドラマを見たりすればいい。「男

が女性誌を読むなんて、みっともない」「自分は興味ないから」といって毛嫌いするのではなく、女性に対するサービス精神のつもりで〝勉強〟してみるといい。生かじりの知識で十分だ。「今日の服は流行のなんとかというんじゃない？　えーっと、なんだっけ？」といった程度の質問でも、これをとっかかりにして女性に質問したり、自分の考えをいったりと、会話ははずんでいくだろう。

また、女性が愛読する小説やエッセイストの本やマンガを読んだり、女性に人気のある映画を見て、「このシーンで、ヒロインはこういう態度をとったんだけど、女性って、そういうもんなの？」と聞いてみるのもいいだろう。女性一般や彼女が何を考えているのかを知る手がかりにもなる。

女性と話していると話題に困るという男ほど、女性に関する研究が不足しているものだ。そんな人は、女性が集まりそうな場所に出かけてみるのもいい。とにかく、相手のフィールドにこちらから踏み込んでみることだ。相手が関心を持っていることに、こちらも関心を示すことが、彼女の気持ちをつかむ最初の一歩となる。

23 「一番ドキドキして楽しい時間」を演出しよう

《実例》自分の強引さに気づかない〝単純男〟

「はじめて会ってから三日目に、『好きだ。卒業したら結婚してくれ』といわれたんです。私、困ってしまって……」と教え子に相談されたことがある。

彼とは合コンで知り合ったそうだ。そのときは、話が合って大いに盛り上がったという。強く興味をひかれたが、まだ好きかどうかはわからないというのが相手に対する気持ちだった。だから、合コンの翌日にかかってきたデートの誘いの電話にはすぐ応じたのだが、なんと、その初デートで、いきなり愛の告白をされたのだという。

男性にはとかく、自分の頭の中でストーリーをつくって、そのとおりに強引に事を運ぼうとする傾向がある。この男性の場合は、おそらく「会って三日でプロポーズされ、一カ月で結婚した」などというテレビの新婚カップルの紹介番組などに刺激され、「よし、オレも」と勝手にストーリーを思い描いたのかもしれない。「一目会ったその日から、恋の花咲くときもある」ということも現実になくはないが、多くの女性は、よく知りもしないうちに強烈な愛の告白をされれば戸惑うだけなのである。私の教え子も、「はい」とも「いいえ」ともいうことができず、あいまいな返事をして家に帰ったそうだ。その後は、会うのがなんとなく怖い気がして、デートの誘いを断わりつづけているという。

《なぜモテないか》恋愛のプロセスの楽しみ方を知らないから〝ひとりよがり〟に陥る

自分の気持ちを最初からストレートに相手にぶつけるのが、自分の熱意を伝えるための最善の方法だと考えている男性がいるが、それは誤解というものだ。

女性にとっては、男性に愛の告白をされることは〝一つのゴール〟を意味する。女性がまだゴールへ着くつもりもないのに、いきなりゴールを宣告されては、自分の気持ちを無視されたような気持ちがする。

ものごとにはみな順序があるように、男と女の関係にもプロセスというものがある。いきなり愛を告白するやり方は、途中の面倒なプロセスを省いて、いきなり〝果実〟を手に入れようとするようなものなのだ。男性はそれでいいのかもしれないが、女性にとっては、このプロセスのところでハラハラ、ドキドキしたりすることが楽しいのである。

前にも紹介した柴門ふみさんの『恋愛論』の中に、「『ひょっとして、恋人になれるのかな』という可能性を秘めた男友達と会う時が、一番ドキドキして楽しい時間ではないか」という一節がある。「恋人になってしまえば、こんどはその関係を維持することに神経を使わなければならないわけで、結構それは面倒くさかったりする。恋になるか、ならないか。その瀬戸際が最もスリリングであり、ドラマになり、おもしろいのである」と柴門さんはいう。

男性には「瀬戸際を楽しむ」という考え方はあまりない。恋人になってから男性の楽しみははじまるといってよく、ここが、〝恋人になるまで〟も楽しみたいと考える女性とは違うところだ。こういった女性の心理を知らずにいきなり告白をすると、女性にとっては、途中で美しい景色を見たり、苦しい思いをせずに（この苦しさが楽しい）、いきなり富士山の山頂に連れて行かれたような気持ちになる。女性は〝手抜き〟をされたと感じてしまうはずだ。

《対策》〝大きな告白〟の前にある〝小さなステップ〟こそたいせつにしよう

唐突に愛の告白をするような性格は、誠実で、少なくとも相手に自分の気持ちを伝えたいという熱意を持っている証拠だ。自分から積極的に働きかける行動力もある。手練手管でじわじわと女性を口説き落としていく男より、ほんとうは女性にとっては魅力あるタイプといえるだろう。

しかし、こういう猪突猛進型の男性は、相手を憎からず思っていても、断わるしかないという状況に女性を追い詰めてしまうことが少なくない。ここはあせらず、じっくりかまえて、すこしずつ自分の気持ちを伝えるようにしたほうがいい。相手の気持ちを確かめながら、彼女に徐々に働きかけていくという、小さなステップの積み重ねが彼女の気持ちをつかんでいくのだ。

たとえば、「好き」という前に、プレゼントを贈るなどの〝前兆〟を示して心の準備をさせてあげるといいだろう。彼女のほうも愛の告白を受け入れやすくなる。恋愛を〝ゲーム〟などとはいうつもりはないが、こうした〝プロセス〟を面倒に思っては、せっかくの強烈な自己アピールがアダとなりかねない。

24 まじめな男がモテる時、モテない時

《実例》まじめな男は、ほんとうに女性から嫌われるのか

〝私が彼と別れた理由〟は、女性誌でよく取り上げられるテーマだが、最近見たある雑誌では、「まじめなだけじゃ物足りない」と、いくつかのケースがあがっていた。そこから二つ紹介すると、一つは、デートの帰り道、東京駅で女性が「ねえ、このまま夜行列車に乗って、どこか遠くまで行ってみたいわね」といったところ、相手の男性が「とんでもない。明日も会社があるのに」と真剣になって彼女をたしなめたというものだ。「ちょっとした〝夢〟もわかろうとしない頭のカタさにゲンメツしました」と、その女性は誌上で語っている。

もう一つは、彼と映画を見に行ったところ、まったくの駄作だったので、「おもしろくないから、もう出ましょうよ」と彼を誘ったら、「せっかく見にきたんだから、最後まで見よう」と彼の反対にあい、とうとう最後までつき合わされたという女性の

話だ。「映画にも彼にもうんざり。映画館を出たところで彼とは別れ、そのあとは会っていません」という。

《なぜモテないか》杓子定規なまじめさは、女性の目にはつまらなさとしか映らない

「最近の若い男性はまじめだけれど、物足りない」という声を企業の人からよく聞く。毎日きちんと出社し、いわれた仕事はちゃんとこなすが、考え方も行動も規格にはまってしまっているというのである。

私の見るところ、ひと口にまじめといっても、その内容には二種類ある。一つは、形式的なまじめさで、ある決められた形を守ろうとするもの。もう一つは、興味を持って一つのことに打ち込むことからくるまじめさだ。

企業の管理職の人たちや女性から物足りないといわれるのは、前者のまじめタイプだろう。こうしたまじめタイプは、「こうしなければいけない」というルールがあると、それにとらわれてしまいやすい。状況に応じて対応を変える柔軟性に乏しいので、いわゆる杓子定規、形式主義に陥りがちになる。たとえば、「旅行とは、事前に計画を立てて行くものだ」とか、「一度見始めた映画は最後まで見るものだ」などという

ルールにこだわり、一度決めたことを途中で変更することができなくなるのである。そのために、〝まじめだけれど、頭のカタい、つまらない男〟〝気がきかない男〟と女性から敬遠されることにもなる。

ここで、後者のまじめさについてふれておくと、なんでも一つのことをやりとげようとすれば、おのずとまじめに取り組まざるをえないのはいうまでもない。たとえば、趣味をとってみても、ゴルフの腕が上達するには、やはりまじめに練習するしかない。練習をチャランポランにしてうまくなろうというのは、どんな天才でも無理な話だ。ただし、この場合の練習も、ただ練習場に行ってボールを打つだけでなく、自分から練習法を工夫してみる人のほうが上達は早いだろう。形式的に練習するだけでは、ゴルフさえうまくいかないのだ。

《対策》ときにはフラッと無計画の小旅行を楽しんでみる

「まじめな男」というと、いかにも女性からはモテないようだが、じつはそうではない。女性は本質的にまじめであり、男性にもまじめさを求めているのである。だから、女性にモテようとして不まじめさを装うことはないが、「まじめなカタブツ」という

だけでは、女性にとっては窮屈な人になってしまう。思い当たる人は、ふだんの行動をちょっと振り返ってみてはどうだろう。「こうしなければいけない」というルールにとらわれすぎている面はないだろうか。

たとえば読書にしても、つまらない本なら、無理に最後まで読む必要はない。拾い読みという方法もある。レストランでは、いつもナイフとフォークを使わなければならないというわけではない。場合によっては、箸を頼んでもいいのだ。本物の味を追究した人として知られる北大路魯山人は、フランスの一流レストランで、持参した醤油を堂々と使ったという。

要するに、私がここですすめたいのは、自

分がおもしろいと思ったことは、ちょっとルールからはずれようが、とにかくまずは試してみてはどうか、ということだ。計画を立てずに、フラッと行く小旅行を楽しんでみる。旅行先で興味を引かれたところがあったら、ちょっと計画を変更して、そこへ行ってみる。デートにしても、事前に立てた計画を実行しておもしろくなかったら、「代わりに何をしようか」と彼女と相談してみるのも悪くはない。

彼女といっしょに型からはずれる自由さを楽しんでみることで、お互いの新たな魅力の再発見につながるかもしれない。

25
「小さなことにこだわる自分」を見せてはいけない

《実例》彼女の遅刻にいつまでもこだわるのは、時間に対する厳しさからか

授業中、学生にどんなタイプの男が嫌いかと聞くことがある。このときにかならず入っているのが、「しつこい男」である。しつこさにもいろいろあるが、その中身を聞くと、ある女性はこんなことをいっていた。

彼女がある男性とつき合っていたとき、たとえば、彼女がちょっとデートの時間に遅れるとイライラした表情で、「遅いじゃないか。何分待ったと思っているんだ。だいたいキミは時間にルーズすぎるんだ。もうこれで三回めじゃないか」と怒りだす。だ彼女が遅れた理由を説明して謝ろうとすると、「いいよ、言い訳なんて聞きたくないよ。キミはいつだって言い訳ばかりなんだな、前もキミが失敗したとき……」と過去の話まで持ち出して、ネチネチとイヤミをいうそうだ。

遅れたのは悪かったが、せっかくのデートだから彼女は楽しい気分でいたいのに、いつまでもグチグチといわれれば、その日のデートの気分は台なしだ。とにかくその男性は、一時が万事、そんな調子で彼女の失敗などをよく覚えていて、ちょっと彼女の言動で気に入らないところがあると、昔の話まで持ち出してネチネチと文句をいうらしい。結局、彼のそんなところがうっとうしくなり、ついには別れてしまったということだ。「もう、あのタイプは顔を見るのもイヤ」と彼女がいうと、ほかの学生たちも大きくうなずいていた。

《なぜモテないか》小さいことにこだわって、たいせつなことを見失っている

よく、「木を見て森を見ず」などといわれるが、一つのことにいつまでもこだわって、全体を見渡せなくなってしまう人がいる。戦争でいえば、局地的な戦闘に勝つ戦術を立てることはできても、最終的に勝つための戦略は立てられないタイプといってもいい。とくに、この例に出てくるような男性は、〝狭量〟な性格の持ち主だといえるだろう。他人からすればどちらでもいいことや、大したことではないことでも、自分にとってはものすごく大きいことのように感じてしまう。とくに自分が損をすることに対して敏感な人が多く、そのことに対して、いつまでもこだわりつづける。人に

待たされでもすると、相手の事情に関係なく、自分が時間の損をさせられたという受け取り方しかできない。

彼女が遅れてきたので待っている時間を損した、という小さなことばかりにこだわって、二人にとって時間を守るということ以上にたいせつなことが何なのか、まったく見えていない。遅刻の十五分に腹を立てている自分の気持ちにこだわり、そうした自分のこだわりの結果、そのあとの何時間かをいっしょに過ごす彼女の気持ちを不愉快にし、デート全体が台なしになるということがまったくわかっていない。

《対策》小さな不満は、その場ではっきり言って、二度とむし返さないようにする

戦争にしても、最終的な勝利を得るためには、ときには捨てなければならない戦いもある。それをすべてに勝たなければと、戦略的には勝ってもあまり意味のない小さな戦いにいつまでもこだわっては、ほんとうにたいせつな戦いを落とし、結局、敗北に終わってしまう。わりきって捨てることも、ときにはたいせつだ。もちろん、女性に非があるときに、そのことに対して不満を持つこと自体はおかしくない。問題は、その不満の処理の仕方にある。

このタイプの男性は、相手に不満を抱くと、その不満の〝種〟を時とともに大きく育ててしまうので、ごく小さなうちに吐き出してしまうようにするといい。それには腹が立ったときは、すぐその場で相手にいってしまったほうがいい。その場でいってしまえば、自分自身、あんがいスッキリしてしまい、シコリとなって残らないものである。

そして思い切っていってしまったら、二度とそのことはいわない。ほかに似たようなことが起きたとしても、前例とひっかけては文句をいわないと決めてしまうといい。

いつもなら、ついいってしまうところを、グッとこらえる練習を繰り返していくうちに、小さなことにこだわらない人間になっていくものだ。こういう男性は、裏返して考えてみると、細かいところによく気がつく人、慎重な人、几帳面な人ということでもある。だから、もう少し〝全体〟を見渡して物事を判断できるようになれば、人間的魅力もいっそう厚みを増す。すこし自分を抑えてみることで、まじめで包容力のある人というプラスの評価に変わっていく可能性が大きい。

5章

女を巧みにリードできる男　できない男

26 行きつけの店でデートをすると、彼女を上手にリードできる

《実例》数回のデートで女性に飽きられてしまう理由

あるとき、大学三年になる私の親戚が相談に来た。新しく知り合った女の子とデートすると、なぜかいつも数回でダメになってしまうというのだ。

彼の大学は男女共学なので、授業やサークル活動、コンパなど、女性と知り合う機会には事欠かない。彼は『Hot‐Dog PRESS』や『Hanako』などの情報誌をふだんから読み、女の子の気に入りそうなおしゃれな店を、いくつも頭の中にインプットしているという。そしてデートをオーケーしてもらったら、相手のタイプに応じてその中の一軒を選んで連れていく。

だいたいここまでは、どの女の子も、「ステキなお店を知っているのね」と感激し、彼に対する評価はグンと上がるのだそうだ。彼のほうも気をよくして、デートのたびに、雑誌で〝赤丸〟をつけておいた新しい店へ連れていく。しかし、いずれの場合も、

四回、五回とデートを重ねるうちに、なんとなく女性の態度が冷めてくるようで、どうにもマンネリになって、そのまま交際が途絶えてしまうことが多いのだそうだ。

最初の一人、二人のときは、「まあ、こんなこともあるサ」とあまり気にしなかった彼も、さすがに四人めにふられたときは、「これはただごとではない、なにか女の子に嫌われる大きな理由が自分にはあるのではないか」と真剣に悩みはじめ、思いあまって私のところに相談に来たというわけである。

《なぜモテないか》未熟さを〝情報〟だけで埋めようとしても、女性の目はごまかせない

いろいろな情報誌を活用し、女の子が気に入りそうな店を何軒か常に頭の中に入れておく、という〝作戦〟は、それ自体は間違ってはいない。実際、最初の一、二回のデートでは、この作戦で女の子も喜び、ある種の敬意に近いものを感じることも多いだろう。

一、二回なら、女性は男性のそのセンスのよさに感心するわけだが、それが三回、四回となってくると、「これはどこかの雑誌から情報を仕入れてきているだけだな」と女性は察知する。相手がいつも通い慣れている店なのか、はじめて来た店なのかは

男性の態度を見ていれば、たいていわかるからだ。もちろん、連れていくお店が雑誌に載っているものばかりだから嫌われる、というわけではない。問題は、こうした、何かに頼らなくては行動できないような主体性のなさが、自分では気づかないうちに、デートの際のちょっとした言葉や行動にあらわれてしまうことのほうだ。たとえば、そうした男性は連れていったお店のことでも、「どうだった？」と、女性の評価ばかり気にしがちだ。それよりも前に、なぜ、自分がこの店が好きなのかをはっきりさせておくことのほうが、ずっとたいせつなのである。

〝雑誌の情報うのみ男〟は、女性にとって、積極的に求めているものがなく、自分の好みや考えを堂々と主張できない「未成熟男」に見えるのである。おそらく、これまでの人生でも、自分の頭で決断を迫られるような場面を、いつもなんとなく避けてきたのではないだろうか。こうした男に、女性の目は厳しい。女性からはまわりの意見に従うだけで生きてきた、頼りにならない男と思われてしまうのが、じつはモテなくなってしまう理由なのだ。

《対策》ときには、〝いつもの居酒屋〟に彼女を連れていこう

雑誌の情報にばかり頼ってしまうというのは、ある意味では、サービス精神に富んでいて、女性を喜ばせようという積極性のあらわれともいえる。問題は、さきにもふれたように、自信のなさがお店選びに関してだけではなく、ほかの言葉や行動にもつい出てしまうということだ。そこで、ちょっと勇気を出して雑誌から離れ、上手に彼女をリードしていくことがたいせつになってくる。そのための第一歩としては、まず雑誌の情報を押さえながら、そこに自分なりのひと工夫を盛り込んでいくのがいいだろう。

つまり、一、二軒、雑誌にあるような店に彼女を連れていったら、今度は自分が行きつけにしている店の中から、自分にとって気のおけない店を選んで連れていくのだ。自分のなじみの店なら、それまでの店と違って、上手に彼女をリードすることができる。自分自身リラックスできるし、リラックスできれば、彼女との会話もよりくだけた楽しいものになる。

女性のほうも、それまでのたんにおしゃれで高いだけの店から、男性のなじみの店に連れてきてもらったことで、意外性を感じて、そこからあらためて男性をより身近に感じるようになるはずだ。

27 雑誌の受け売りではなく、自分の体験・感激を素直に語る

《実例》〝立派な〟映画評論をしたために、彼女の信用を失ってしまった男

映画や音楽に精通している男性というのは、やはり女性に人気があるらしい。そういったことが影響しているのか、映画などにはほとんど興味のなかった男性が、彼女ができると、にわか映画通になるケースも少なくないようだ。

「この前の土曜日に、彼といっしょに映画を見にいったの。その映画をどうしても見たくなっちゃって。映画館を出たあと、喫茶店に入ったら、彼が映画のことをいろいろいうわけ。あんまりガラじゃないなぁって思ったんだけど、それがけっこう評論家ぽくって、ちょっと感心しちゃったのよ。映画のことをよく知ってるんで見直したわ。ところが、そのあとで彼の部屋に遊びにいったとき、彼が近くのコンビニまでビールを買いに出かけたから、本棚の雑誌をなにげなく見てたの。そうしたら、あの映画のことが書いてあって、それがまるっきり、喫茶店で聞かされた感想と同じだったわけ。

信じられる？」
「それで、どうしちゃったわけ？」
「なんとなく映画の印象まで悪くなっちゃうし、もうゲンメツよ。あの人がこれまで私に聞かせてくれた話も、ぜんぶ他人の意見だったんじゃないかと思うと、とたんに彼のことが主体性のない男に思えてきたわ」

これは、私の研究室に遊びにきた女子学生二人の会話である。彼女はそれ以来、彼の立派なセリフがことごとく他人の受け売りとしか聞こえないようになってしまったという。

《なぜモテないか》女性は〝受け売り〟に、権威に服従する弱い男性像を見る

前にもすこしお話ししたが、彼女の前で博

識ぶりたいというのは、男性のだれもが持つ欲求といえるだろう。ちょっぴり気のきいた意見を話せればカッコいいと思うのは当然だ。そこには、「彼女を感心させてみたい」という、男性のささやかな見栄も潜んでいる。しかし、その感想がだれかの受け売りであったら、それはまったく逆効果である。

女性はべつに格調の高い批評を求めているわけではない。むしろ、素直な感想を聞いて、彼の考え方を知りたがっているのである。それなのに、自分をよく見せようと他人の意見を借りようとするなら、メッキがはがれたときに、彼女は彼のことを「自分の考えを持たない、頼りない男性」としか見なくなるだろう。感想とは、物事にふれて感じ、想うことである。

映画を見て、なんの感想も抱かない人間はいない。したがって、だれかの感想を受け売りするということは、自分の感性そのものに自信がないから、ということになる。トンチンカンなことをいってバカにされたら恥ずかしい、というわけだ。そういう自信のない男性に、女性が魅力を感じないのも無理はない。

自分の感性を信頼できず、自分なりの考えを口に出せないから、雑誌というマスメディアに保証された記事の受け売りをする。これは、権威に服従している弱い姿であり、女性に最も嫌われる、「男らしくない」態度でもあるのだ。

《対策》映画なら、まず、自分が見たあとに、批評家の意見に接する

つい受け売りをしてしまうという男性は、雑誌の中で安易に映画の感想や批評を探すのではなく、まず作品そのものについてじっくり考える努力をすればいい。これは、受験勉強の弊害でもあるのだが、名作といわれる小説をダイジェスト版でしか読まない人間が増えている。ストーリーや登場人物の名前だけを把握し、あとはそこに書かれている解説に目を通して終わりなのだ。そういうことの繰り返しが、自分の意見を持てない人間をつくり出すのかもしれない。

たとえば、小説を読むときは、絶対にあとがきや解説から読まないことだ。また、音楽を聴くときも、映画を観るときも、必要以上の予備知識は仕入れずにふれることである。そして、たとえ幼稚な感想だと思っても、自分の言葉で感想を話す。

そのほうが、どこかで聞いたような受け売りよりも、彼女はずっと好感を持って聞いてくれるはずだ。もちろん、多少の受け売りはあっても、はじめはかまわない。受け売りのなかで、自分なりの意見を差しはさむことからはじめてもいいだろう。その

ためには、映画でも音楽でも、まず自分の耳や目で確かめてから、そのあとで評論家の批評に目を通すのもいい。そうするうちに、しだいに自分の考えを、上手に表現する方法もつかめてくる。

28 女は、失敗談を話せる男に〝男らしさ〟を感じる

《実例》弁解がましい〝無責任男〟は振り向かれない

現在、広告会社に勤めているＯＬから、こんな話を聞いた。彼女には、社内でひそかに思いを寄せている男性がいた。彼は同じ部署の三年先輩で、彼女も参加しているプロジェクトチームのリーダーをしていた。彼のふだんのテキパキとした仕事ぶりや、斬新なアイデアをつぎつぎに取り入れて実行に移していく行動力に、彼女ははじめは尊敬の念を抱いていたのだが、やがてそれが憧れとなり、恋心に近いものになっていったのだという。

ところが、ある〝事件〟を境にして、彼女の恋心はいっぺんに冷めてしまった。それは、それまで順調だったプロジェクトが、ちょっとしたミスと小さな遅れが重なって暗礁に乗り上げたときだった。チームの中だけでは収拾がつかなくなり、彼の上司である部長が乗り出してきてプロジェクトにテコ入れすることになった。それま

での責任者として、プロジェクトの挫折の原因を部長から追及された彼は、自分の責任を回避するために、同僚や後輩のミスを事細かに数えあげて報告した。自分のリーダーとしての事後処理の不手際さにはいっさい触れずに、言い逃れをしたのだ。

そのことを知った彼女は、それまで彼に対して抱いていた尊敬も恋心もすっかり冷めてしまった。そして、自分はなんて男を見る目がなかったんだろうと、自分自身に対しても憤りすら感じたという。

《なぜモテないか》言い訳は、自分の無責任さを宣伝するようなもの

男性の中には、ちょっとした失敗やヘマをしてしまったときでも、この彼のように、すぐに「あいつが悪い」とか、「こういうことがあって……」とクドクド弁解する人がいる。こういう男性は、女性には最も嫌われるタイプである。言い訳をすることで、いつもやっかいな問題から逃げようとする姿勢が丸見えになるからだ。

女性は男性と違って、元来、子どもを産み、育てる存在である。そこでは、伴侶として男性を選ぶとき、自分が子どもを産んでから、継続して育てていくのをフォローしてくれる男性かどうかの確証が必要になってくる。男はセックスしても逃げてしま

うことができるが、女性は常に妊娠、出産があとにひかえている。子どもをはらませて逃げていくような男性は、たとえ現代のように「女性が強くなった」といわれる時代でも信用されない。いつの時代でも、自分に対しての責任は自分でまっとうする責任感が女性からは求められているということだ。

ジャン・リュック・ゴダール監督、ジャン・ポール・ベルモンド主演の古い映画『勝手にしやがれ』の主人公は、ふだんは無責任なチンピラだが、自分が惚れた彼女に対してだけは誠実だった。もちろん、これはスクリーンの中での話で、多くの女性がスクリーン上の主人公に感じる魅力は、現実の男性にそのまま投影させたりはしない。

《対策》失敗したときはまず、素直に謝ることがたいせつ

自分の行動に対して責任を持てば持つほど、ひとたびそれが誤っていたことがわかれば、言い訳よりも先に、相手に対して申し訳なかったという気持ちが、まず芽生えるはずだ。これがほんとうの誠意で、女性に言い訳することは、極端な話、「私は無責任男です」といっているようなものだろう。

それだけに、失敗したときは、まず素直に自分の非を認め、謝りの言葉をいうことが先だ。自分の行動に「責任をとる」という潔い態度が、女性にとっても頼もしく見えるのである。言い訳をしたければ、そのあとですればいい。

また、女性とつき合っているときも、なにかあるたびに「あいつが悪い」とか、「こういうことがあったから、しょうがないんだ」と、なにかしら弁解がましい口調になる人もいるが、これも気をつけたほうがいい。女性には、ヘンに甘えているだけと受け取られかねない。彼女とケンカしたときなども、たとえ相手が悪いと思っても、まず、こちらから謝る。

たとえ失敗しようが、彼女の前でカッコ悪い姿を見せようが、弁解せずに、自分のミスやウィークポイントを素直に認めることだ。そして、それを少しでも改善しようという姿勢を見せる。こうすることこそ、彼女に対する誠意であり、〝男らしさ〟でもあるのだ。

29 すぐ決断して行動する男に女は弱い!

《実例》自分たちだけでは、歓迎会の会場も決められない男性社員たち

あるOLが、「最近は頼りない男性が増えましたね」といって、こんな話を披露してくれたことがある。彼女が所属する部署では、毎年、新入社員歓迎会の幹事を入社二年めの社員が担当することになっていた。去年までの先輩たちのときは、男性が女性をリードして幹事の仕事を仕切ってやってくれていたのだが、今年担当する彼女の同僚の場合は、すこし様子が違っていた。

なんと、男性連中が彼女たちのところへ、迷いに迷ったあげく、「歓迎会の会場はどこがいいかな?」と相談に来たというのだ。しかも、会場を選べない理由が、思わず「何でそんなことで悩むの?」と思ってしまうようなことであった。男性連中いわく、「Aの店はすこし狭いから、先輩に文句をいわれるかもしれない」「Bの店は、新入社員のような若い連中に気に入ってもらえないかもしれない」「Cの店は雑音がひどいし」と、こんな堂々めぐりが延々つづくので、なかなか決まらないというのである。A、B、Cの三軒しか候補がないのに、あれこれ迷いつづける。すべてにわたってこんな調子だというから、女性のあいだでも、彼らの評判ははなはだ悪い。

《なぜモテないか》女性は、いくら真剣でも、迷いつづける男を頼りないと思う

『小田原評定』という言葉をご存じだろう。豊臣氏に包囲された小田原城の重臣たちが、戦うか降伏するか迷って、なかなか決まらなかった状況から生まれた言葉である。その結果、味方の兵士までが、重臣たちは迷ってばかりで頼りないと戦意を失ってしまい、結局、みじめな降伏をすることになった。

男性が一人であれこれ迷っていると、女性は小田原城の兵士と同じ心理が働いてくる。たとえ彼女のために真剣に迷っていたのだとしても、彼女から見れば、いつまでも結論の出せない男は頼りない男なのであり、そんな男にはとても自分の未来をあずけることはできないと思われてしまうのだ。

なぜ、自分で決められないかといえば、通常なら、一つの物事に対してプラス面とマイナス面の両方を見るところを、優柔不断な人にはマイナス面しか見えない。「A

かB」の選択をするとき、Aにはこんな悪い面が、Bにはこんな悪い面がとマイナス思考をしてしまい、A、Bそれぞれが持つプラス面にまったく目を向けない。考えれば考えるほど、両方の悪い面が目につき出す。心理学でいう「回避・回避・コンフリクト（葛藤）」である。先ほどの男性たちの例でいえば、A店を選ぶと、だれかに悪く思われるかも、Bだと不平をいわれるかも、などと考え込んでしまう。そうやって思考が悪循環に陥り、いつまでも歓迎会の会場を決められないまま、迷いつづけていくのである。

《対策》決められないときは、サイコロを振ってでも決めてしまう

優柔不断といわれる男性は、少なくとも真剣に物事を考えるというよさを持っているのだから、物事の持つマイナス面だけでなく、プラス面にも同時に目を向けてみるといいだろう。歓迎会の会場を選ぶなら、そこへ行くことのプラス面も考えてみる。そうすれば、〝店は狭いが、カラオケがあるから楽しめるだろう〟とか、〝あの店はほかの先輩はイヤがるが、歓迎会の主賓には気に入ってもらえる〟とか、いろいろ出てくるはずだ。つまり、「あの店はこんな悪さがある」というマイナス思考で物事を考

えるだけではなく、同時に、「あの店にはこんなよさがある」とプラス思考で考えるということなのだ。

そうやってプラス思考で考えるようにすれば、マイナスの選択にとまどって頭を痛めることもないし、積極的に自信を持って「こういう理由で、これがいい！」ということができる。

これは、彼女とデートのとき、どんなレストランに入るか、など、リードの仕方に迷う男性にも当てはまる。Aの店を彼女はどう思うか。彼女はAのような雰囲気は嫌いなのではないか。Bはどうか。こんなカッコ悪い店を選ぶなんて、と彼女に思われないか。こういった調子で、いつまでたっても決まらない。これでは彼女もウンザリするし、せっかくのデートも台なしだ。

〝メニューは少ないが、ピアノトリオの生演奏が入っていてムードがいいので、この店に行こう〟とか、〝狭いが、女性の好みそうなメニューが多いからあの店に行く〟と、事前にプラス思考で考えておけば、イザというときに迷わなくてすむ。そんな自信のある態度には、彼女も喜んで従ってくれるはずだ。それでもまだ迷うなら、もうサイコロを振ってでもいいから、勇気をふるって、とにかく決めてしまうことだ。

30 会話にちょっと沈黙をはさむだけで、女心は動く！

《実例》「軽薄な男って嫌い！」

男性向けの雑誌のデート特集に、かならずといっていいほど出てくるのが、「おもしろい話題を提供し、彼女を退屈させない会話術を身につける」といった項目だ。たしかに、男性が黙っていたら、デートも何もあったものではないだろうが、〝彼女を退屈させない会話術〟を誤解して、女性から敬遠される男性も決して少なくはないようだ。

たとえば、こんな話がある。好意を寄せていた女性とのデートにこぎつけた、ある男性のケースだが、彼女を退屈させてはいけないと、事前に話題をいろいろ考えたうえで、デートに臨んだ。そのかいあってか、最初は彼女も楽しそうだった。途中で用意したネタを使い果たしてしまったときは、一瞬、彼もあせったものの、なんとか話題を探して話を途切れさせずにすんだので、彼女と別れたあと、初デートでの勝利を彼は確信したという。

しかし、二度目のデートに彼女を誘ったとき、彼の自信はもろくも崩れ去った。「私たち、あまり話も合わないみたいだから、これ以上つき合わないほうがいいと思うの」と、みごとに断わられてしまったのである。しかも、「彼女がキミのことを『一人でしゃべっているのはいいんだけれど、話に内容がないから、うるさいだけなのよね。それにしても、あんな軽薄な人だとは思ってもみなかったわ』といっていたよ」と友人から聞かされた。彼が大きなショックを受けたことはいうまでもない。

《なぜモテないか》ただのおしゃべりは、軽薄さにつながりやすい

「おしゃべりな人」といえば、以前は女性がほとんどだったが、最近は若い男性におしゃべりが多くなった。仲間といるときは、とにかくおしゃべりがやむときがない。大学が私語禁止令をわざわざ出さねばならないほど、講義中だろうとなんだろうと、仲間としゃべりつづける。こうした傾向に「ケータイ」が拍車をかけている。いつでもどこでも、まわりに仲間がいようがいまいが、ひっきりなしに誰かとしゃべっている。

このおしゃべり現象は、〝沈黙恐怖症〟の裏返しといってもいいだろう。会話が途切れて沈黙が訪れるのを恐れているのである。たしかに、ふとしたはずみに会話が途切れると、「相手は退屈していないだろうか」「つぎにどんな話題を持ち出したらいいだろうか」と、だれでも相手の存在を意識したり、緊張したりする。この沈黙の緊張に耐える自信がないため、ひたすらしゃべるという若い人が、私の見るところ、決して少なくない。

この場合、当然のことながら、話の内容は二の次になりやすい。頭に浮かんだとりとめのないことを口にしたり、ただの世間話で終わることが多い。内容より、しゃべっていれば、とりあえず安心できるからである。

女性と話すときも、この沈黙恐怖症から、とにかく間があかないようにと話しつづける男性を見かけるが、いくら話題の豊富な人でも、これでは女性もリラックスして話を楽しむわけにいかないだろう。それに、話すことだけに夢中になると、内容が空疎になりやすく、先の男性のように「中身のない軽薄な男」という印象を与えてしまう危険性すらあるのだ。

《対策》ときにはおしゃべりを中断して、ちょっと周囲を見回してみる

もともと会話というのは、お互いにやりとりをして、だんだん内容が深まっていくのがおもしろいのだが、しゃべりまくる男性には、そうした精神的余裕がないようだ。こうした男性にすすめたいのは、話の途中で周囲をちょっと見回してみることである。いい景色があったら、二人で黙ってながめるのもいい。何よりも、彼女の表情にもっと注意を払うことがだいじだろう。話すことに夢中になっていると、彼女がほんとうに興味を持って聞いてくれているかどうか、気がつかなくなっていることが多いからだ。

「沈黙は金」という。会話の途中でふと口をつぐむ男性に魅力を感じるという女性がいるが、沈黙は決してマイナスではない。口をつぐんでいるあいだに、何を話せばいいのかを考えることもできる。そうすれば、思いついたことを手当たりしだい口にするという軽薄な印象をぬぐい去ることもできるだろう。

それに、聞き手の女性が男性の話についていくためには、女性が理解できるような余裕をつくることも必要だろう。つぎからつぎに話題が目まぐるしく変わると、話についていけなくなった女性は、疲れて退屈するだけだろう。

つまりは、沈黙をところどころにはさむだけで、おしゃべりがもっと生きてくるということだ。

31 たとえ間違っていても、自分の意見がいえる男に女は魅力を感じる

《実例》女性から愛想を尽かされた、〝いつも仲間といっしょ〟の男たち

ある女子大生が、ほかの大学の男子学生と三対三で合コンを開き、その場は大いに盛り上がって交際がはじまった。しかし、二カ月ほどして、彼女たちは彼らとのつき合いをやめてしまったらしい。理由を尋ねたところ、三度目のデートになっても、いつも集団デートで、一対一のつき合いにまで発展しなかったからだという。女性たちのほうは、グループ交際から、それぞれのカップルごとに分かれての交際になっていくことを望んでいたのだが、男子学生たちのほうが、いつも仲間で行動することを好み、二人きりになるのを嫌ったという。

最近の若い男性で増えているのが、この男子学生たちのように、いつも仲間といっしょに行動し、何をするにも一人では決められない、という〝症状〟である。こういう男性は、ガールフレンドをつくるのにも自分一人ではできず、集団でコンパをし、

その後もグループ交際めいたつき合いしかできない。このように一人では何もできず、何も決められない男性は、女性からも本気では相手にされないようだ。

《なぜモテないか》周りの様子を見ながら行動する男は、女性にとって頼りない男である

「命短し恋せよ乙女」という『ゴンドラの唄』でも有名な、黒澤明監督の映画『生きる』は、ご存じのように志村喬演じる、しがない老公務員が、ある日突然、仕事に打ち込みはじめ、近所の主婦たちのための公園をつくりあげるというストーリーである。この主人公は最初から魅力的な男だったわけではなく、映画の冒頭では、ナレーターが「この男は死んでいる」というほど、皆が右といえば右にならうといった調子で、なんとも頼りない。

この男が突然、見違えるようになるのは、自分がガンであることを知り、また、若い娘に淡い恋心のようなものを抱いてからである。彼は、同僚の「なぜ、そんなに肩ヒジ張るの」といった冷たい視線をよそに、一人黙々と働きはじめる。いつしか、彼はまわりの主婦たちにとってかけがえのない存在になるばかりか、映画を見ている者にとっても魅力的な男になっていくのだ。

仲間といつもいっしょに行動している男性というのは、いくらカッコをつけても、『生きる』の冒頭にあるナレーションの、老公務員の〝死んでいる〟姿のようなものだろう。こうした男性は、まわりから、自分の意見を持っていないか、たとえあっても、言い出す勇気のない人と見られてもしかたがない。仲間うちでは「しかたのない男」といわれるだけですむかもしれないが、女性にとって、自分の意見を言い出せない男性では何の魅力もない。

女性が男性に求めるのは、周りに合わせることよりも、たとえ間違っていても、まず自分の意見をいえる態度である。いくら開放的になったとはいえ、女性は男性に比べて、幼いころから自己主張しにくい立場に抑えつけられてきたから、自分の意見を持ちにくいし、持ってもいいにくい。自分ではこうもいいにくいことを堂々といえる男性には、たくましさ、頼りがいを感じるのだ。『生きる』で、黙々と働く老公務員の中に見えるのも、たくましさ、頼りがいなのである。よく主婦のアンケートから、ダメな夫の典型として、姑には何もいえない男性が挙げられるが、この女性心理を知ればおわかりいただけるだろう。仲間といっしょでなければ行動できず、彼女をうまくリードできない男性に、女性は無意識に頼りなさを感じ取るのである。

《対策》精神的自立のすすめ、仲間を離れて一人で行動する

ある精神科医の説によると、現代の若者が女性にモテないのは、〝横並び〟意識の強い〝分裂症〟の世代だからだそうである。仲間うちで一人だけ目立とうとするとツマはじきにされるから、みんな、おとなしく仲間うちでワイワイ楽しくやろうとする。仲間うちでは楽しいかもしれないが、そうした姿は、女性にとって、仲間の意見ばかりで、自分の意見のない頼りないものに映る。

女性にモテようと思ったら、まず、仲間から精神的な独立を始めてみることだ。なにも仲が悪くなれといっているわけではない。いつも仲間と行動をともにしていた人は、単独行動をとってみることだ。たとえば、飲みに誘われても、気乗りがしないときや、用事があるときには、ちょっと勇気を出してはっきりと断わる。また、一人旅などをしてみるのもいい。自分自身をじっくり見つめ直すいい機会になるはずだ。

こうしたことを実行してみることで、しだいに自分に自信も生まれ、彼女をリードしていく自信ができる。そうなれば、女性からも信頼される頼もしい男性になれるのである。

32　イザという時にオロオロしない男の魅力

《実例》オロオロする男の姿は、女性を幻滅させるだけ

世に広まっている〝恋愛常識〟の一つに、「頼りなさそうな男性に、女性は母性本能をくすぐられる」というものがある。しかし、頼りない男が、ほんとうに女性にモテるのかとなると、はなはだ疑問である。

ある女性誌に紹介されていた例だが、一流企業に勤め、服装のセンスがよく、話題も豊富、マナーも洗練されているといったぐあいに、〝理想の男性〟とつき合っている女性がいた。デートのときは、彼女をさりげなくリードしてくれ、いろいろ新しい店へ連れていってくれるので、彼女にはなんの不満もなかった。その男性との結婚を真剣に考えたほどである。

ところが、彼女の気持ちは、デートのときのちょっとした〝異変〟でガラリと変わった。ある高層ビルのレストランで二人で食事をしていたとき、地震が起こったのである。ほかの客の「キャーッ」という悲鳴を聞き、彼女もちょっとあわてたが、それ以上に彼を見てびっくりしたという。

彼は真っ青になって、「どうしよう、どうしよう」とオロオロし、彼女のことなどおかまいなしでパニック状態に陥っていたのである。

地震がおさまったあと、「僕は地震がほんとうに苦手で」と彼は苦しまぎれの言い訳をしたが、彼女の気持ちは一気に冷めてしまった。「いざというときは、女性を守ってくれるのが男性のはずなのに、あんなことでパニックになってしまう頼りなさを見せつけられたら、ほんとうにシラけてしまったわ」というのが、その女性の言い分だった。

《なぜモテないか》女性は、見かけの頼りなさよりも、〝中身〟の頼りなさを嫌う

たしかに、世の中には、一見、頼りなさそうなのに女性からモテる男性がいる。食事のとき、ポロポロこぼして服を汚す男に、そっと服の汚れを落としてくれる女性がいたり、演劇に熱中して生活費にも事欠くような男に、「生活費は私にまかせて」という女性がいたりする。女性関係にめぐまれない男性から見ると、「なんで、あんなダメ男がモテるのか」と腹立たしく思えることもあるだろう。

しかし、だからといって、頼りない男ならモテると思うのは間違いだろう。いわゆる「母性本能」の強い女性は、子どものめんどうを見るのと同じように、男性に接することがあるのは事実だが、ほんとうに子どものように頼りない男性のめんどうまで見るかどうかは疑問だろう。子どもには女性は惚れないのである。はたから見ると、子どものように見えて、いつも甘えているように見える男も、女性と二人きりになると、意外と男らしかったり、大切なポイントではしっかり女性を守ったりしている。だから、モテるのである。

女性が男に求めているのは、あくまでも強さであり、上手にリードしてくれる頼もしさである。頼りない、だらしないというのが見かけだけならいいが、精神までそうだったら、まず、モテないと思っていい。先の女性が地震でパニックを起こした男性を見限ったのも、こうした精神のひ弱さを感じ取ったからであろう。

《対策》一人旅をすることで、自分に自信をつける効用

仕事でも女性とのデートでも、ちょっと予想外のことが起こると、どうしていいか

わからずにオロオロしてしまう男性がいるが、こうした頼りなさを女性は敏感に察知する。こういう人がすこしでも精神的に強くなり、女性に頼もしく思われるようになりたいなら、〝はじめてのこと〟にいろいろ挑戦してみるのもいいだろう。

だれでもがそうだが、慣れないことをしたり、はじめての店に行ったりしたときはオロオロしやすいが、そうした体験を積んでいくと、しだいに「新しいこと」に対する度胸が育ってくるはずだ。

たとえば一流レストランに一人で入ってみるのもいい。メニューがフランス語で読めなければ、尋ねてみる。一人なら、多少恥をかいても、そう気にはならない。このようにして、場数を踏むのも度胸をつけることになる。同様に、一人旅に出るというのもいい。何から何まで自分一人でしなければならないから、たいへんといえばたいへんだが、自信がついてくる。女性が求める、頼りになる男性とは、腕っぷしの強さなどでなく、自分に自信を持ち、勇気を持って踏みとどまろうとする精神力の持ち主なのである。

33 デートより仕事を優先させる男を女は選ぶ!

《実例》同僚に仕事を押しつけて先に帰る男

先日、街を歩いているとき、私の元教え子で現在商社に勤めているOLにばったり出会った。彼女は同僚の男性社員といっしょに得意先回りの最中だった。

その男性社員というのが、背が高く、なかなかのハンサムで、仕事もできそうな雰囲気だったので、私の印象に残っていた。そのあと、半月ほどして、彼女が所属していたクラブの同窓会があり、彼女も出席していた。話のついでに、例の男性社員のことを彼女に尋ねてみた。

私が、彼はハンサムだし、仕事もできそうなタイプだから、さぞかし職場でもモテるんじゃないか、と聞くと、意外にも彼女は、とんでもない話だという。その男性社員は、彼女が所属している部署では、男の同僚からも、OLたちからも、いちばん嫌われている男だという。彼女自身も、絶対に自分の彼氏にはしたくないタイプだそうだ。

　彼女の職場は、月に何度か忙しさのピークがあり、そんなときは、女性社員も残業して夜遅くまで仕事をするらしいが、どんなに忙しいときでも、その男性社員は、「今晩はデートだから」といって、同僚に仕事を押しつけて先に帰ってしまうのだそうだ。

　彼女自身も、デートのために残業を同僚に代わってもらったことはあるが、その分の埋め合わせは仕事上でも人間関係の上でもきちんとつけてきた。だが、その男性社員は、後輩や同期の女性社員までも残業している、猫の手も借りたいような忙しさのときでも、ぬけぬけと「デートだから」といって帰ってしまい、そのことをなんとも思っていないのだ。これには、彼女もあきれてものもいえないという。彼は、「これからの日本人は、これまでみたいに仕事にばかり没頭していないで、仕事とプライベートはきちんと分けて、自分の時間を持つようにしなきゃ、国際社会では通用しない」などとうそぶいているそうだが、彼女にいわせれば、小さな職場の中での人間関係すらロクにわかっていない男が、「国際社会」などという言葉を口にするとは、ちゃんちゃらおかしい、とのことだった。

《なぜモテないか》女性は、仕事を手抜きする男は、自分にも〝手を抜く〟と考える

デートのために残業しないで帰る男というのは、相手の女性の立場からすると、一見、自分のことを最優先してくれている、やさしい男のように見えるかもしれない。だが、実際はこの手の男には、女性はあまり信頼を寄せないものである。つまり、たんに楽がしたいというだけで、その口実に自分を使っているのではないか、と女性は感じるのである。また、女性は自分の都合だけを優先し、人のことなど考えない勝手な男には、自分に対しても同じことをするものと感じる。デートを理由に残業を断るというのは、たとえ、そのことを当の相手の女性が知らなくても、ほかの行動などでも、知らないうちにそのいいかげんさが出てしまうことが少なくない。

《対策》仕事に一生懸命になっている姿が、女性に誠実さを感じさせる

女性から信頼され、モテる男になるためには、たとえデートの時間に遅れそうでも、仕事が残っているときには同僚に押しつけたりせず、最後までやりとげてから待ち合わせ場所に駆けつけたほうが、仕事を投げ出してそそくさとタイムカードを押すよりもずっといい。もちろん、そのときは電話で遅れることを彼女にひと言いって詫びておくことは、最低限のマナーだ。

とにかく、自分の仕事を満足にこなせないで、ただ女性を〝たいせつ〟にしようとしても、たいていメッキがはがれてしまう。女性にとって頼りがいとは、見せかけの〝やさしさ〟ではなく、物事に対する取り組み方と、処理能力だ。男性の仕事はその意味で、頼りがいを測るバロメーターになる。女性はいっしょにデートしたり遊んだりするなかで、男性の仕事に対する取り組み方を、口に出して聞かないまでも、いつでも意識しているのである。

それと、ふだんから彼女に、自分がいま興味を持っているものや、熱中している仕事について話し、彼女の理解を得ておくこともたいせつだ。そうすれば、彼女はよりあなたを理解できるだろうし、男性が目を輝かせて自分の夢や夢中になっているものについて語る姿に、女性は改めて惚れ直すに違いない。

もちろん、話す内容は、仕事のことでなくてもかまわない。大きな夢や好きなことに向かって全力で取り組む姿勢が、頼りがいと、女性にとっての夢を同時に与えるのである。

6章

女は心の底でこんな男を待っている！

34 話題づくりのノウハウはこうして盗め!

《実例》二人きりになると、とたんに会話ができなくなる

十年以上前の話になるが、女性に圧倒的人気を誇っていた直木賞作家・林真理子さんが、お見合いで結婚した。当時から日本人の〝お見合い観〟も変わってきた。とくに女性の側の変化は大きくて、お見合いを新しい出会いの場として積極的に評価する傾向がある。いっぽうで、お見合いに対して、〝古いもの〟というイメージを捨てきれない男性は、まだまだ多いようだ。前にも一度、お見合いの例をお話ししたが、お見合いの席での〝男性軍〟のだらしなさについては、よく耳にする。

私が聞いた話だが、お見合いを何回やってもうまくいかない男性がいた。お見合いは、双方の両親、仲人さんが出席して行われる。ある程度の紹介があったあと、「それでは、あとは若い人同士で……」と、二人を残して席をはずすのがお見合いの形式であり、また〝ハイライト・シーン〟でもある。こういうときは、だいたい男のほう

から、「どんな趣味をお持ちですか。好きなものは何ですか」などと聞きながら、お互いに打ち解けるための主導権を取るのがふつうだ。

ところが、何度お見合いをしても失敗してしまうというこの男性は、4章でお話しした男性と違って、両親や仲人さんが同席しているときは、自分からよく話をする。しかし、二人きりになってしまうと、とたんに貝のように、なにもしゃべれなくなってしまうというのだ。緊張のあまり、口がきけなくなるのだろうと、好意的な解釈をしてもいいが、これでは、相手の女性がたとえ好意を感じたとしても、あまりの落差に不安を感じてしまうのは当然といえる。

実際、この手の〝二人きりになるとしゃべれない症候群〟の例は、最近とくによく耳にする。

《なぜモテないか》女性は、男が黙っていれば、気がないと思うのは当然

女性とつき合うチャンスが少なかった男なら、先のお見合いの男性の場合は、どのように女性と話したらいいのかわからないというのが、おそらく本音だろう。そういう理由ならそれで、べつに恥ずかしいことではなく、女性にしてもそのことを知ったからそれでどうなるということもないはずだ。

問題は、やはり何も話さないということに尽きる。話をしなければ、相手には何も伝わらないばかりか、場合によっては、あらぬ誤解すら与えてしまう。一部には、寡黙が美徳であるという、根深い〝信仰〟があるようだが、何を話していいのか、どうやって話せばいいのかわからないのを、開き直って〝無口で渋い男〟などと思い込むようだと、女性からはますます相手にされなくなってしまう。

とにもかくにも、話を始めないことには何もスタートしない。女性は、だんまりを決め込んでいる男性を見て、〝寡黙でステキな人〟とは、まず思わない。私のことを

気に入っていない、興味がないと思うのが、女性にとってごく自然な受け止め方なのである。

《対策》とにかく、いろいろな人と、気軽に話をしよう

女性と話をするのが苦手、というのは、つきつめて考えれば、ただたんに慣れていないだけのことが多い。何か話をしなければ、という焦る気持ちが、ますます口を重くしてしまう。だから、変に構えずに、とにかく自分の気持ちに正直になって、話のきっかけをつくることだ。

きっかけは何でもいい。たとえば、先のお見合いのような席なら、「いやあ、二人っきりになると照れくさいものですね。何を話せばいいんでしょうか」などというだけでもいい。黙っているよりもはるかにマシで、そこから自然に話題が広がっていく。もじもじしても、顔が赤くなっても、とにかく最初のひと言を切り出すことができれば、あとは大して問題なく会話が進む。

話が途切れたらどうしようなどと考えるから、いま話をしている会話に集中できず、かえってそれが沈黙を誘う結果になっているのだ。

話のきっかけづくりの名人といえば、飲み屋のマスターで、それこそ若者からサラリーマン、会社の重役クラスまで、上手に話題を持ちかけてくる。そんなマスターと気軽に話をして、その話題づくりの〝ノウハウ〟を盗むのも、いい〝対策〟になるはずだ。

また、自分とは年の離れた人、あるいは分野の違う人とも積極的に話をするのもいい。一見、何の接点もないように見えても、じつは話題などいくらでも転がっていることに気づくはずだ。それは、女性にモテるための対策以前に、自分の幅を広げていくことなのだ。つまり、行動の幅を広げ、どこまで男を磨くことができるかどうかが、結果的にモテる、モテないにつながっていくのである。

35 男同士のつき合いをたいせつにする男が、女にもモテる

《実例》〝女性べったり男〟は、女性からも男性からも疎まれる

女性にモテるためには、とにかく女の子のいるところへ行かなければならない、とでも思い込んでいるのか、飲み会に女の子がいると積極的に参加するくせに、男だけの飲み会にはほとんど顔を出さない男性がいるようだ。

卒業後、某広告代理店に勤めた教え子の話では、女性社員がいっしょの飲み会にはかならず顔を出す男性社員がいて、とにかくよく気がきくのだという。話はおもしろく、はじめのうちは女性社員のあいだでは人気があったが、そのうちに、なんとなく敬遠されるようになってしまったそうだ。忘年会などでも女性にばかりべったりしていて、男性とはほとんど会話らしい会話をしないらしい。

あとでほかの男性社員に聞いたところ、「あいつは男にはまるで興味がないみたいでね、帰りに飲みに誘っても、一度だってつき合ったことがないんだよ」とのことだ

った。最近では、「あの人が出席するなら……」と、宴会などでも彼との同席をいやがる女性社員も多いそうだ。

《なぜモテないか》女性だけに向けられる〝やさしさ〟を、女性は〝いやらしさ〟と見る

モテるためには、女性にだけやさしくしてさえいればいいというのは、大きな間違いだ。女性週刊誌などのアンケートでは、好きな男性の条件として、かならず「やさしい人」というのが登場する。たしかに、やさしい男性は女性にモテる。けれども、そのやさしさが女性にだけ向けられたものであった場合は、話はまったく違ってくる。

そういう男性は、女性の目に自分がどう映るかということだけを、いつも意識して行動しているものだ。だから、表面的にはやさしく、楽しい人間に見えるが、べつの角度から見たら、「自分だけがよく思われればいい」という身勝手な人間なのである。

実例にあげた男性社員が男だけの飲み会に出席しないのは、そこに何のメリットも感じていないからにほかならない。男同士で酒を飲んでも女の子にモテるチャンスはないのだから、つき合うだけムダ、という考え方をしてしまうのである。そういう打算的なところは、本人が意識しなくても、自然と態度や会話にあらわれる。「この人は

女の子のごきげんをとるのに一生懸命だわ」と感じた瞬間、やさしさは〝いやらしさ〟に変わってしまう。

女性が魅力を感じるのは、ただ女性にやさしいだけの男ではない。まず、男同士のなかで立派に認められなければ、何をやってもうさん臭く感じられるだけだ。

《対策》女性の入り込めない〝男の世界〟を持つことも必要

女性にモテたいと思ったら、まずは、同性から信用され、信頼される人間になることがたいせつである。いくら女性にやさしくしていても、男性からまったく信用されない男というのは、最終的にはモテないものだ。同僚が困っているときに相談にのってやったり、さりげなくアドバイスしてやったりしている姿を見て、頼もしさを感じる女性は多い。同僚が困っているのに、「僕にはキミとのデートのほうがたいせつなんだ」と冷たく言い放つ姿を見たら、はたして彼女はどう思うだろう。さすがに、「そこまで私のために……」などとは思うはずはない。

このような男性は、もともと女性に対して積極的に自分をアピールするだけの行動力はあるわけだから、その行動力を同性とのつき合いにも向けることである。ときには女性抜きで、「悪いけど、今日は男だけの飲み会だから」と、男性だけで飲み会に出かけることも必要だ。

ベテラン俳優から若手のアイドルまで、芸能人にはスポーツ好きが多い。野球やサッカー、ラグビーなどをチームをつくって楽しんでいる。こうしたスポーツのチームは、ある種、「悪ガキ」集団のようなもので、完全なる男社会だ。武勇伝(?)には事欠かない。女性がなかなか入っていけない、そういう男の世界もまた、女性にとっては非常に魅力的なものなのだ。

女性とのつき合いだけではなく、男同士のつき合いもたいせつにしているのだということがわかれば、そのやさしさは素直に受け入れられるに違いない。自分の入り込めない世界を持っているという〝行動の幅〟が、何よりも女性にとっては頼もしく映り、男としての磨きをさらにかけてくれる。

「異性に好かれたいと思ったら、まず、同性に好かれるべし」というのは、いつの時代にも変わらぬ真実なのである。

36 成功する確率が一パーセントでも、チャレンジする男に女は惹かれる

《実例》やる前から「できっこない」と、簡単に放り投げてしまう男

どちらかというと、あきらめの悪い部類に入る私から見ると、最近の若者はどうにもあきらめが早すぎるように思えてならない。これは、私だけでなく、企業に勤める私の友人たちも一様に感じているらしく、たまに飲みにいくと、若者のあきらめの早さについて話題になることがしばしばある。

たとえば、これは友人の会社での話だが、彼は、新人が研修を終えて二カ月たつころになると、とにかく一人で新規契約のための〝飛び込み〟をやってこいといって外に出すという。飛び込みとは、ご存じのように、まったく行ったことのない会社に、いきなり飛び込んで商品の売り込みをすることで、新しい顧客をつかむために欠かせない営業活動である。

ところが、いわれたほうの新人たちは、たいてい尻ごみをする。「まだ営業のイロ

ハもわからないのに」とか、「いきなりいわれても、そんな研修はなかったから、自信がなくて」などといって困っている。それでも、しぶしぶ飛び込みに出かけるのだが、なかに三十分もしないうちに帰ってくる者がいた。

どうしたのかと聞くと、「ダメでした」という。しかし、よくよく聞いてみると、この「ダメでした」というのはウソで、じつは彼ははなからあきらめて、相手の会社の前まで行って、そのまま帰ってきたらしい。悪いことに、このときのやりとりをたまたま聞いていた女性社員がいたようで、このウワサは女性社員たちの間でたちまち広がってしまい、私の友人の目から見ても、それ以来、女性社員がその彼を見る視線が冷たくなったのを感じるということだ。

《なぜモテないか》女性は、男のあきらめの早さを〝スマート〟とは感じない

あきらめの早い人に共通しているのは、「もしやってみてダメだったらみっともない」という感情が、「それならば、あきらめて何もしないほうがいい」というふうに自分を納得させようとしていることだ。さらにこれが進むと、「できっこないことをやるのは、バカがすることだ」と思うまでになる。こうした思考回路ができあがると、

自分で何かを一生懸命にやることが、みっともないこと、カッコ悪いことと映りはじめる。あきらめの早いことが〝スマート〟なことだというひどい誤解を、誤解として気づかなくなるのだ。

しかし、女性に限らずとも、人はこのあきらめの早さを決して〝スマート〟とは思わない。たんなる弱さ、行動力のなさとしか受け取らない。もちろん、ときにはあきらめが必要なこともある。だが、それは、とにかく目的のために動き、最善を尽くしたあとにやってくるもので、何もしないであきらめることとはわけが違うのである。

好きな女性がいても、あの人は〝高嶺の花〟だからと、アタックする前からあきらめてしまうのも同じだ。あきらめるのは、アタックしたあとに出てくる結果で、いくら〝高嶺の花〟であろうが、その男性のことをほんとうはどう思っているのかは、心理学者のはしくれの私でも、聞いてみなければわからない。

また、あきらめの早い人は、自分のことを自分で低く評価してしまう傾向がある。こうした自信のなさは、女性にとっては、まだるっこしく感じられる。もうすこし自分に自信を持って、〝大風呂敷〟を広げるくらいでちょうどいいのかもしれない。

《対策》ダメだと思っても、もうひと押しできないか考えてみる

手っ取り早くいえば、あきらめの早い男性に必要なのは、とにかく、どんな小さなことでもいいから、自分で動いて結果を出し、それを自信に結びつけていくということだ。

いま現在置かれている現状を、「どうしたらすこしでも改善できるか」と考え、「そのためには、まず、何を始めればいいか」と、とりあえずできそうなことからやってみるのだ。グチをこぼす人の多くは、この〝どうしたら〟という部分がスッポリと抜けている。「そんなのダメだ」と否定語で考え、否定語を口に出していると、行動までも消極的になっていく。そんな〝逃げの姿勢〟には女性は敏感だ。簡単にあきらめず、もっともっと〝悪あがき〟をしてもいいのだ。

たとえ〝高嶺の花〟の女性でも、はなからあきらめる必要はまったくない。成功する確率が一パーセントでも、たいせつなのは、あえてチャレンジする姿勢だ。この一パーセントの望みにチャレンジする姿勢に、女性は〝磨かれた男〟を見る。

37　リーダー役を無理してでも引き受けていると、積極的な人間になれる

《実例》何もしないで、飲み会だけに参加する〝ちゃっかり男〟

学生時代、友人の所属する音楽サークルに〝奇妙な男性〟がいた。その男性は大学院生で、年齢は三十歳に近い。楽器が弾けるわけではないが、とにかく音楽が好きということで、練習にはよく顔を出す。といっても、現役の部員は年が離れていて、あまり話しかけないので、一人でポツンとしていることが多い。誰と話すわけでもなく、ただ熱心に練習風景を見ているのである。

それだけなら、部員たちもこの奇妙な男性をべつに邪魔に思わなかったのだが、一つだけ悩まされることがあった。それは、コンパなどを開くと、いつのまにか、ちゃっかりまぎれ込んでいることだった。

演奏会のあとに飲みにいくときも、準備もあと片づけも手伝ってくれなかった彼がちゃんといる。この何もしない〝お荷物男〟にメンバーも腹を立て、サークルのスケ

ジュールをいっさい秘密にするようにしたそうだ。

そんなこともあってか、いつのまにか、その奇妙な男性はサークルから姿を消したが、女友だちはおろか、友人らしい友人もなく、いつも一人でキャンパスを歩く姿を、友人はその後、何回か目にしたそうだ。

《なぜモテないか》女性は、お膳立てにのるだけの男を、〝要領だけはいい男〟と見る

いつも人のあとをついていき、自分から積極的に先頭に立とうとしない男性が最近増えてきた。先の〝奇妙な男性〟など、そのハシリかもしれない。遊びにしても何にしても、人が提案すればそれにのり、人がお膳立てしてくれれば参加するが、自分から提案したり、幹事役などを引き受けることはない。集団の先頭に立つのがめんどうくさいということもあるのだろうが、消極的といえば消極的である。

こうした、人のあとについていくだけの男性は、先頭をいく男性にくらべて、女性にとっては魅力を感じにくいのは当然だろう。積極的に人の前をいこうとする男性の頼もしさが感じられないからである。

それに、いつも人のあとについてばかりいては、自分をアピールするのはむずかし

い。楽な二番手、三番手にいつもいて、女性にアピールすることだけを考えている男は、まともな女性からは鋭く見抜かれて、結局、相手にされないことが多いのである。

《対策》リーダー役を無理してでも引き受ければ、自然にリーダーらしくなる

消極的なために女性からも注目されないという人は、たとえば、飲み会や小旅行の幹事などを思い切って引き受けて、人の上に立つ経験を積んでみることだ。

こうした役は、めんどうといえばめんどうだが、めんどうだからといって、いつまでも避けてばかりいると、人にいつもめんどうな仕事を押しつけ、自分はラクをしたがる男というレッテルを貼られるだけである。

こうした〝リーダー役〟を引き受けていると、ふだんの行動にも積極性が出てくる。地位が人間をつくるという話がある。たとえば、会社でも社長の器ではないと思われていた人が、いざ社長になると、それなりに仕事をこなしていき、そのうち社長らしい貫禄が出てきて、どうしてこの男が社長には向いていないと思ったのかわからないということがある。つまり、与えられた仕事をやっていくうちに、仕事のほうで男を上げてくれるのである。だから、クラブなどでも、責任のある仕事に積極的にチャレ

ンジしてみるのもいいだろう。
また、幹事や「長」までいかなくても、結婚式のスピーチなども、頼まれたら尻込みせずに引き受けてみるといいだろう。そんな小さなことでも、それが自分の行動の幅を広げることにつながっていく。
最初から上手に話そうと考えずに、場数を踏むための練習だと思ってやってみる。こうした積極性が、女性とつき合うときにも、リーダーシップを取れる頼もしさとなってあらわれてくるはずである。
結婚式のスピーチにしても、飲み会の幹事にしても、引き受けて失敗するのが不安なら、前もって、はじめてだということを周囲に強調しておけばいい。そうすれば、いい知恵を貸してくれる人も出てくるし、何よりも周囲が慣れない幹事に協力してくれる。何ごとも、案ずるより産むがやすしなのだ。

38 女は、つねに新しい体験をさせてくれる男に好意を持つ

《実例》いつも同じ場所でデートする男性を、女性はどんな目で見ているか

先日、大学時代の教え子が訪ねてきて、こんな悩みごとを打ち明けてくれた。いまの会社に入社してすぐに知り合った、つき合いはじめて半年になるひとつ年上の男性がいるのだが、ここ二、三カ月は、どこへもいっしょに行ったことがないのだという。日曜日に彼女が映画に誘っても、「今日は天気が悪いから」とか、「仕事が忙しくてバテぎみだから」という理由で外へ出るのをイヤがり、いつも休日のデートは彼の部屋なのだそうだ。

彼の部屋で、といっても、とくに何をするというわけでもなく、彼はゴロゴロしながらテレビを見たり、マンガや週刊誌を読んでいるだけである。行くたびにおいしいコーヒーを入れてくれたり、たまには料理をつくってくれることもあるそうだが、それ以外はほとんど寝ころがっているという。あるときなどは、ディズニーランドのパ

スポートを手に入れ、気分を変えてあげようと、おそろいのセーターまで買っていった。しかし、とうとう重い腰を上げなかったらしい。「べつに嫌いじゃないんですが、この人といっしょになったら、こういうつまらない毎日が続くのかと思うと、なんだか耐えられそうになくて……」と彼女はうつむいていた。それから数週間後、「やはり、別れることにしました」という内容の手紙が届いた。

《なぜモテないか》女性は、新しい体験をさせてくれる男性に〝夢〟と〝挑戦心〟を感じる

女性というのは、男性から常に新しい刺激を与えられることを望んでいる。グリム童話の『眠りの森の美女』に出てくる王女が、いばらに囲まれた森の向こうからいつか王子様がやってきて、自分を百年の眠りから目覚めさせてくれるのを待っているように、女性は男性と恋に落ちることで退屈な日常生活がドラマチックに輝き出すことを無意識に期待しているものなのだ。

ところが、じっさいにつき合ってみると、彼はいつも部屋でゴロゴロしている。これでは失望するのが当然だろう。部屋でゴロゴロしていても、楽しい話をしてくれるとか、つぎからつぎに楽しいゲームを考え出すような男性なら問題はないのだが、た

だテレビを見たり、マンガや週刊誌を読んでいるだけというのでは、毎日が灰色になってしまうはずだ。

女性は、自分にないものを男性に求めたいのである。たとえ、男性の中になくても、相手の男性といっしょに行動することで新しいものに出会いたいのである。結婚が人生の墓場であるか、それともバラ色に輝いているかはともかく、つき合いはじめた段階で、すでに穴蔵の中にこもっていたのでは、とても将来への夢など育つはずがあるまい。

《対策》ときには降りたことがない駅で降り、見知らぬ街を歩いてみる

バーンアウト症候群というのは、アメリカの精神分析学者であるH・フロイデンバーガーが唱えたもので、一つのことに熱中した人間が、燃え尽きて意欲を失った心理状態のことだ。この症状は受験勉強をくぐり抜けてきた若者、モーレツ社員などに多く見られ、すべてに対して積極的な行動ができにくくなってしまうのである。彼女からの誘いがあっても、自分の部屋でゴロゴロしている男性は、ひょっとしたらバーンアウト症候群にかかっているのかもしれない。

　このような場合、いちばんたいせつなのは、いままでとはまったく違うリズムを生活の中に取り入れることだ。それによって、好奇心が旺盛だった子どものときのように新しい刺激を与えられ、新しい発見をすることに対する喜びを思い出すのだ。

　たとえば、ときには彼女といっしょに電車に乗り、降りたこともないような駅で降りてみるだけでも、気持ちに変化が起こってくるだろう。見知らぬ街をぶらぶらと歩きながら、目に映るものを彼女といっしょに楽しむのである。

　ほとんど感覚の命じるままに、食べたいものを食べ、買いたいものを買い、つまらなくなったら、また電車に乗ってほかの街へ出かけてみる。そんな、ちょっぴり冒険じみた小さな旅は、自分自身にとっても彼女にとっても新鮮な刺激となるはず。そんなところから、まったく新しい二人のリズムが生まれ、いっしょにいるのが楽しくなるかもしれない。

　もちろん、こうした刺激は一人で家の中にいても味わえる。たとえば、テレビや雑誌も、まったく興味のなかったジャンルのものを見るようにしてみる。デートにしても、毎回同じカフェバーやレストランにばかり行かず、失敗してもいいから、新しい店を開拓してみるといい。そんな行動の幅が、彼女との仲を深めるはずだ。

39 女のためなら、見てくれの悪いことをすることも〝男らしさ〟である

《実例》〝男らしさ〟をカン違いしている男

私が学生のころ、ハードボイルド小説のファンで、いつもトレンチコートのエリを立てて、眉間にシワを寄せながら歩いている先輩がいた。女性にテニスに誘われても、「男たるもの、女とちゃらちゃらテニスラケットなんか振っていられるか」と断わり、女の子たちがキャーキャー騒いでいるそばを、いかにも「うるさい女どもだ」という顔をして通りすぎるのである。まるで、ギャング映画の世界から出てきたような雰囲気だった。

この手のタイプの男性は、女性の目には、いったいどう映るのだろうと注目していたが、結局、当時の女の子たちは、「なに、あの変な人、カッコつけちゃって、バカみたい」という反応しか示さなかった。そういう反応を知ってか知らずか、その先輩の演技(!?)はいよいよエスカレートした。ディスコ（いまならクラブ）で踊りなが

らナンパする男など最低だと信じ込んでいたらしく、サークルの仲間が、「今度のコンパのあと、みんなでディスコにいくんだけど、いっしょにいかないか？」などと誘おうものなら、露骨にイヤな顔をするようになった。小説や映画の世界では、男らしい男性のそばには、いつのまにか女らしい女性が近づいてくるものなのだが、現実はそれほど甘くない。彼は、とうとう彼女ができないまま、大学を卒業してしまった。

《なぜモテないか》女性は、〝装われた男らしさ〟にも興味を示さない

ヤクザ映画を上映している映画館のトイレでは、みんなが眉間にシワを寄せ、肩をいからせて、高倉健になりきって順番を待っているのだそうである。はたから見たらじつにこっけいな光景なのだが、本人たちは真剣に「男らしさ」を装っているつもりらしいのだ。男性は、とかく「男の美学」に酔いやすい。自分で勝手に「男の美学」をつくりあげ、それを演じようとする。

しかし、映画館でトイレの順番を待つ〝高倉健〟たちに、女性がほんとうに男らしさを感じるかどうかは、はなはだ疑問である。彼らが描いている男らしさとは、えてして手前勝手なものであり、女性のことを抜きにしたもののようだ。自分の美学、ス

タイルは気にしても、そこに、女性をいたわる、守るといった男性の役割が欠落している。このような〝男のための男らしさ〟を、女性は男らしいとも魅力的とも感じないだろう。女性にとっては、たんなる粗野な男でしかないのだ。

もちろん、男らしさの理想像は時代とともに移り変わるが、女性の求める男らしさが、女性のことを思いやる男らしさであるという点は常に変わらないだろう。女性のためなら、見てくれの悪いことをすることも、これは立派な男らしさである。

男らしさとは何かを考えてみてほしい。家庭で料理をつくらないことが男らしく、おもしろい話に眉ひとつ動かさないのが男らしいことなのだろうか。病気で寝込んでいる妻のために、おかゆをつくることだって、あるいは、ふられるのを覚悟で女性に愛を告白することだって、私は十分に男らしい行為だと思う。女性のことよりも、自分の見てくれを気にするような男らしさは、いつの時代でも通用しないだろう。

《対策》ときには原宿やクラブなど、「女・子どもの行く場所」に出向いてみる

男らしさにこだわりたがる男性というのは、もともとはロマンチストであり、思慮深く、女性にやさしいのである。ただ、すべてにおいて自分流の〝男の定義〟をつく

りあげてしまうため、その定義からはずれた行動ができなくなっているのだ。一度、自分のカラを破れば、その思慮深さが落ち着いた雰囲気をかもし出してくれ、ほかの男性にはない魅力となるに違いない。

そのためにも、まず、自分がつくった男のイメージをくずすことから始めてみてはどうだろうか。いままでの嗜好を変えるのはむずかしいかもしれないが、まるで違うタイプの小説を読んでみるとか、毛嫌いしてきた原宿や渋谷へ出かけてみることである。思い切って悪友の誘いにのって、クラブへ行ってみるのもいいだろう。嫌いなものは嫌いでかまわないが、とにかく、いままでの男の美学を脱ぎ捨てて、いろいろなものを経験してみることだ。いろいろな価値観や女性の関心を知るうちに、女性のために何をするのが男らしいかがわかってくるはずだ。

あるいは、実際に渋谷の街を歩いたうえで、「僕はどうも渋谷という街が好きになれないんだ。どうしてかというと……」と話すことができれば、女性の目には、最近では珍しく、きちんとした自分の意見を持った男性と映るだろう。

40 たとえば、女は「床に落ちたゴミを拾う男」に好感を持つ

《実例》エステに通っても、モテない男性が多いのはなぜか

男性用のエステ利用者は、着実に増加している。「ムダ毛」を処理したり、お肌の手入れをしたり、きれいになるための投資を当然と考えている男性は少なくない。エステまではいかなくとも、髪のカラーリングや眉を「整える」若者となるといまや多数派だ。これが、いわゆる〝朝シャン〟となると、ほとんどの男性が当たり前のことと考えている。現代の男たちはきれい好きなようだ。これだけきれいにしているのだから、男性の多くはもっと女性にモテてもよさそうなものだが、現実はそうでもない。どうも〝きれい好き〟の意味をカン違いしている男性が多いようだ。

知人から、こんな話を聞いたことがある。彼の会社にも、お肌は脱毛でツルツル、栗色のヘアを毎朝シャンプーして会社にくる後輩がいた。眉は細くカットして、日焼けサロンで肌は小麦色、おしゃれな男だなと思っていたそうだ。しかし、シャンプー

に時間をとられるのか、いつも遅刻寸前に飛び込んできて、近くの弁当屋で買ったサンドイッチを頬ばっている。だから、机の上はいつもパンくずが散らかっている。そのうえ、机の上には乱雑に書類が積み上げられ、きちんと整理されているとはお世辞にもいえない。

この後輩を、独身ＯＬはどう見ているのだろうとかねがね気になっていたところ、あるとき、女性たちがこんなウワサをしているのを彼は聞いた。「着る物はおしゃれだけど、机の上はいつも汚いし、食べ物をぼろぼろこぼすのもいやだわ。それに、ゴミが落ちていても拾わない。なんとなく不潔ね」。〝きれい好き〟は、女性のこんなウワサに気づいているのだろうか。

《なぜモテないか》女性が求める清潔感は、見かけだけではなく、〝中身〟が問題

ある旅館の支配人に、お客の集め方について、こんな話を聞いたことがある。彼がいうには、どんなに近代設備をほどこしたり、豪華な料理を提供しても、最後の決め手は、その旅館の清潔度であるということだ。玄関はきれいに掃き清められているか、靴が乱暴に揃えられていないか、浴槽に水垢がついていないか、部屋の隅に埃がたま

っていないか。こうした点に細心の注意が必要らしい。たしかに最初は設備や料理など、ハデな宣伝でお客を集めることができても、ひとたびゴキブリが走っているとか、トイレが汚れていると思われたら、二度とその旅館を客は利用しないし、こういった不潔な点ほど、口コミで伝わりやすいという。とくに女性客ほどこうした清潔感を気にするから気を使うとも話していた。

女性の清潔感へのこだわりは、旅館選びだけでなく、男性の選択の場合も同じである。いくらエステに通ったりファッションに気を使っても、それは、旅館が設備や料理の見た目をよくしようというようなものだ。それだけでは、女性は清潔だと判断しない。机の上が汚れていたり、床に落ちているゴミを、自分が落としたのではないといって、そのままにしておくような男は、それだけで不潔だと見なしてしまう。

女性が不潔感を男性が考えている以上に嫌うのは、女性独特の「種の保存」本能があるからだ。子どもを産んで、育てるには、何よりも清潔な環境が必要である。そのため、男性に対しても清潔であることを望むのだ。

《対策》清潔への心くばりが女を安心させる

私は、女性にとって、男性とは、安心してくつろげる宿のようなものだと思っている。もちろん、その宿が、見ばえもよく、応対もソツがないに越したことはないが、それ以前にたいせつなのは、ほんとうに安心してくつろぐことができるかどうかということである。机を散らかしたままであったり、肩にフケがたまっているような〝宿〟では、女性はとても安心できない。女性を安心させ、好かれるようになるには、先ほどの旅館の支配人のような、清潔への心くばりが必要だろう。

それは、何もむずかしいことではない。落ちているゴミを拾ったり、毎日新しいワイシャツに替えるという、ごく当たり前のことでいいのだ。手はじめに、自分の部屋を片づけてみてはどうだろうか。何年か前の調査だが、朝シャンをしたり、一日二回はかならず歯を磨く男性は、中学生から三十五歳までの未婚男性で八割以上と多いのだが、自分の部屋を掃除するとなると、この数字は極端に低くなる。たとえば、毎日するという男性は〇パーセント、一週間に二回以上するという人は一九パーセント、一カ月に一回しかしないという不衛生な部屋に住んでいる男性は二八パーセントにのぼっていた。こうした傾向は基本的に現在も変わらない。むしろ、さらに顕著になっているようだ。

エステで肌を磨いても、自分の部屋が汚いのでは、自然にその汚さがふだんの行動にあらわれる。女性が見ていない身のまわりでも清潔にすることが、女性の好感を得るのに役立つだろう。

本書は、ごま書房より刊行された『モテる男の条件』を、
文庫収録にあたり加筆・改筆、改題したものです。

「モテる男《おとこ》」40のマニュアル

著者　富田 隆（とみた・たかし）
発行者　押鐘冨士雄
発行所　株式会社三笠書房
〒112-0004 東京都文京区後楽1-4-14
電話　03-3814-1161（営業部）03-3814-1181（編集部）
振替　00130-8-22096　http://www.mikasashobo.co.jp
印刷　誠宏印刷
製本　宮田製本

 ISBN4-8379-6181-9　C0111

王様文庫